# FRUITS CONFITS & CIRE D'ABEILLE

# FRUITS CONFITS & CIRE D'ABEILLE

*Recettes et secrets*
*de nos grands-mères*
*au fil des saisons*

JANE NEWDICK

PHOTOGRAPHIES
PIA TRYDE

TRADUIT DE L'ANGLAIS PAR
ANNE BLOT

CHÊNE

Direction éditoriale : Gillian Haslam
Maquette : Kit Johnson
Illustration : Vana Haggerty

# SOMMAIRE

# INTRODUCTION

J'ai grandi dans une famille où le fait de cultiver, cueillir et mettre en conserve les denrées faisait partie de la vie quotidienne. Enfant, je supposais que tout le monde vivait comme nous, qui tout naturellement dégustions des œufs frais, des fruits tendres et des confitures maison. Le congélateur était alors une invention nouvelle et onéreuse, mais le boulanger et le boucher nous livraient tous les deux jours. Notre alimentation s'accordait au rythme des saisons : la plupart de nos fruits et légumes provenaient d'un jardin qui sans être très vaste était bien organisé. Mon père brillait dans les concours agricoles locaux, et nous faisions bon usage de produits sauvages tels que les mûres – comme le faisaient tous les habitants des campagnes. On avait le sens de l'économie, on n'aimait guère le gaspillage, mais dans mon souvenir nous vivions fort bien, dans le luxe presque.

■ *La saison des fruits rouges de l'été est de courte durée, mais le plaisir qu'ils nous apportent peut être prolongé tout au long de l'année, pour peu que l'on prenne le temps d'en préserver la saveur.*

Depuis l'époque de mon enfance, j'ai vécu brièvement en ville, beaucoup plus longtemps à la campagne. Les vieilles habitudes ont la vie dure : je ressens une certaine culpabilité si la saison des oranges amères passe sans que j'aie confectionné de marmelade, ou si les pommes pourrissent au verger parce que j'ai été trop occupée pour les cueillir. C'est pour moi une véritable cure de santé que de réaliser une préparation bonne à conserver. En tournant rêveusement la cuiller dans une casserole, en étiquetant soigneusement une rangée de bocaux, j'éprouve ce sentiment si rare de nos jours de joindre l'utile à l'agréable. La tâche est agréable, le résultat source de fierté. Je goûte pleinement le plaisir de l'activité physique qui consiste à peler, hacher et mélanger des ingrédients

■ *Les fruits de l'automne les moins engageants, telles les nèfles, révèlent parfois de surprenantes qualités lorsque l'on en fait des liqueurs.*

frais et colorés, à la saveur et au parfum délicieux. A la satisfaction des sens s'ajoute celle de l'instinct qui nous pousse à faire des provisions.

Je pense en effet que la plupart d'entre nous avons conservé la mémoire de ce temps où l'on se mettait à l'abri des pénuries à venir, bien que nous n'en ayons désormais plus la nécessité. Dans nos pays dits développés, nous disposons d'un choix immense, presque excessif même, mais les aliments préparés par nous-même, avec soin et plaisir, récompensent doublement la dépense de temps et d'énergie. Les produits du commerce peuvent être excellents, il n'en demeure pas moins que nous continuons de sentir instinctivement que les produits maison sont meilleurs. Il est en outre des produits que l'on ne peut acheter, et que l'on doit donc confectionner par ses propres moyens. Où donc acheter des pralines, par exemple, ou du melon macéré dans du vinaigre ? Dans un environnement sans cesse plus urbanisé, le sens du passage des saisons se perd rapidement, mais certaines choses continuent de ne pouvoir se faire qu'à certaines périodes de l'année. Ceci nous fournit un calendrier naturel des tâches à accomplir, par plaisir ou par nécessité. Si la routine est ennuyeuse, une activité saisonnière, qui contribue à régler notre vie par trop trépidante, s'envisage avec un vrai bonheur – à l'inverse, l'on éprouvera un vrai regret de l'avoir manquée.

## L'OFFICE

Il semble que depuis les temps les plus reculés la plupart des grandes demeures possédaient une pièce ou un emplacement réservé à l'accomplissement de certaines tâches importantes pour le bon fonctionnement du domaine. Parmi ces tâches figurait à l'origine la distillation d'huiles et d'essences aromatiques, mais au début du XX^e^ siècle la seule fonction de l'office était devenue la préparation de denrées spéciales destinées à être consommées à l'heure du thé, par exemple. On y confectionnait donc des confitures, des conserves et des biscuits, que l'on servait dans le salon où la famille s'assemblait au milieu de l'après-midi. L'office du XVI^e^ siècle était plus polyvalent : on y préparait des remèdes et des confiseries, on y distillait des alcools, on y mettait les fruits et les légumes en conserve, on y faisait sécher des fleurs, on y fabriquait du cirage, du savon, des parfums, des teintures et des lotions. Les repas quotidiens se préparaient dans la cuisine principale, et des tâches spécialisées concernant le linge, la boucherie, la laiterie et la boulangerie disposaient de lieux réservés à cet effet. L'office se devait d'être fonctionnel, ce qui ne l'empêchait pas d'être agréable. On imagine des étagères garnies des produits préparés dans cette pièce, où de petites fenêtres laissaient entrer une lumière diffuse, où l'air était empli des senteurs étranges et merveilleuses du musc, de l'écorce d'orange, des roses et de la résine.

La maîtresse de maison régnait sur ce domaine. Alors que dans de nombreuses maisons l'intendance était assurée par des hommes, c'est toujours elle qui supervisait les tâches de l'office. Elle seule possédait les clefs des placards et des coffres renfermant des ingrédients coûteux et parfois rares, elle seule disposait des livres de recettes contenant ses secrets de fabrication. Les recettes se transmettaient de mère en fille, de sorte qu'une longue chaîne ininterrompue liait les générations successives. Aujourd'hui encore, nombre de ces recettes jettent des ponts entre le passé et le présent.

Jadis les femmes se devaient d'être jardinières, herboristes, cuisinières, gestionnaires, infirmières et parfumeuses. Certaines époques de l'année se caractérisaient par une activité débordante : il fallait alors ne pas se laisser dépasser par l'afflux des produits frais attendant d'être mis en conserve. En hiver, on avait plus de temps à consacrer à l'inventaire et à l'emploi des ingrédients en réserve. Avant l'invention de la réfrigération et du chauffage central, il convenait de vérifier régulièrement l'état des produits comestibles entreposés – l'humidité, les insectes et autres nuisibles posaient en permanence des problèmes. Toutefois, les récompenses ne manquaient pas quand un office bien garni fournissait les denrées et les boissons qui permettaient de festoyer à une époque de l'année, Noël par exemple, qui sans cela eût été bien frugale.

Un office moderne peut être aménagé là où on le souhaite. Une cuisine ordinaire contient tout l'équipement nécessaire, mais l'on y manquera parfois d'espace pour entreposer le résultat de ses préparations. Rares sont les maisons neuves disposant d'un cellier suffisamment grand, car on estime que le réfrigérateur et le congélateur suffisent à la conservation des denrées. Les confitures et marmelades devraient être rangées dans un endroit frais et sombre, mais il faudra souvent se contenter de caisses entreposées sous le lit d'une chambre d'amis inutilisée ou dans un appentis extérieur.

Alors que l'on n'utilisait autrefois que des couteaux, des pilons et des mortiers, on dispose aujourd'hui de robots ménagers, de centrifugeuses et autres instruments ou appareils qui accélèrent l'exécution des tâches. Certaines préparations s'effectuent infiniment mieux à l'aide d'un appareil électrique, d'autres non : sachez toutefois qu'il n'est pas nécessaire de travailler « à la dure » pour de simples raisons d'authenticité. D'aucuns tirent fierté et plaisir du fait d'obtenir les pelures les plus fines qui soient, quand il suffirait de hacher grossièrement les ingrédients. Il revient à chacun d'adopter la méthode qui lui convient le mieux tout en gardant à l'esprit que le plaisir naît souvent de la façon dont on procède pour obtenir un résultat. On aura ainsi grande satisfaction à s'asseoir tranquillement pour peler et dénoyauter un panier de pêches, pour peu que l'on prenne le temps de le faire à son rythme et sans interruption.

## BOCAUX ET BOUTEILLES

Au fil des ans, j'ai rassemblé et hérité de nombreux bocaux, dont certains sont si vieux qu'il m'est impossible d'en remplacer les rondelles de caoutchouc – je puis cependant les utiliser, avec des bouchons et couvercles de ma propre fabrication. Certains fabricants de bocaux ont l'irritante habitude d'en modifier régulièrement la conception. Les bocaux de la marque « Le Parfait », qui existent dans des tailles variées, sont certainement parmi les plus commodes. Ils n'ont guère été modifiés depuis des années, de sorte qu'il est facile de se procurer de nouveaux caoutchoucs (après ouverture, ceux-ci sont en effet distendus, et ne peuvent donc pas être réutilisés).

Ces bocaux vous serviront pour conserver les condiments, les variantes, les marmelades et confitures préparés en grandes quantités, ainsi que les légumes à l'huile – qui nécessitent une stérilisation. Pour ce faire, on porte les bocaux à une certaine température dans un grand récipient d'eau, au four ou sur la cuisinière. Selon la nature des produits, on maintient cette température pendant un temps donné, puis, lorsque les bocaux ont refroidi, on vérifie qu'ils sont scellés hermétiquement. Ma mère conservait ainsi les fruits, avant l'époque de la congélation. Cette méthode est encore utile, en particulier pour les sirops de fruits, les ketchups et les essences (de champignons par exemple). En règle générale, il convient de placer les bocaux ou bouteilles pleins d'eau jusqu'à hauteur du couvercle

■ *Les bouteilles de liqueurs et de vins de fruits se couvrent lentement de poussière sur une étagère de la cave.*

ou du bouchon, bien espacés et posés sur un trépied (afin qu'ils ne soient pas en contact avec le fond du récipient). En une heure, la température de l'eau sera lentement portée à 38 °C, puis à 74 °C, et maintenue ainsi de 10 à 15 minutes. Otez ensuite les bocaux du feu et laissez-les refroidir, puis vérifier qu'ils sont bien scellés. Cela n'est pas compliqué. On peut conjuguer aussi les avantages des techniques anciennes et modernes en conservant tout simplement au réfrigérateur les aliments dont on craint qu'ils ne s'altèrent à température ambiante.

Ne jetez pas les petits bocaux, fioles et bouteilles qui pourront contenir des lotions, des cirages et d'autres produits. Pour obtenir une collection de petits récipients de verre, il vous faudra sans doute orienter pendant quelque temps votre choix de yaourts et autres denrées. Chaque fois que j'en ai l'occasion, j'achète des pots de confitures sans pas de vis et de vieux bocaux d'un litre. Les vieux bocaux en verre épais et irrégulier sont charmants. Ils datent de toute évidence d'une époque où

■ *Au fil des années et des repas réussis, les meilleures recettes valent toujours la peine d'être couchées sur le papier.*

l'on ne se souciait guère des poids et mesures – leur forme et leur contenance sont extrêmement variables – mais tous les ingrédients que l'on y place sont mis en valeur. Les bocaux neufs sans fantaisie sont difficiles à trouver vides, mais l'on dispose d'un choix étendu de bouteilles de verre et de gros bocaux en verre recyclé, souvent dotés d'un bouchon de liège.

## LES MEILLEURS INGRÉDIENTS

Les recettes anciennes font souvent appel à des vinaigres très acides (notamment pour y faire macérer des légumes) et à de grandes quantités de sucre. On préfère maintenant des vinaigres moins forts ; quant à la question du sucre, elle est épineuse. S'il est évidemment préférable de n'en pas trop consommer, pour des raisons de santé, rien ne remplace ses qualités dans le domaine de la conservation (c'est d'ailleurs pourquoi on l'utilise dans la confection des confitures). On trouve dans le commerce des confitures à faible teneur en sucre, mais selon moi mieux vaut déguster moins souvent des produits authentiques que plus souvent des denrées de moins bonne qualité. Cela ne signifie pas qu'il ne faille pas réduire les quantités de sucre indiquées dans les recettes, afin d'obtenir des préparations à la saveur plus fraîche, moins écœurante. Grâce au réfrigérateur, les confitures peuvent s'affranchir de l'ancien impératif qui voulait que la proportion de sucre contenue dans les confitures fût de soixante pour cent – une telle proportion est en effet nécessaire pour que confitures et gelées ne moisissent pas. En réalité, tout dépend de la qualité des ingrédients et de la méthode de préparation. Il est rare que l'on prépare une quantité de conserves nécessaire pour tenir un siège, aussi la conservation à long terme n'est-elle pas toujours cruciale. Chaque fois que possible, réduira donc la teneur en sucre.

Soulignons une fois encore que la clef de la réussite réside dans la qualité des ingrédients, immanquablement perceptible dans le produit fini. Il va sans dire que les fruits et les légumes doivent être d'une fraîcheur sans reproche – s'ils sont trop mûrs, ils ne méritent pas d'être mis en conserve. Le compromis n'est pas de règle, hormis peut-être dans la préparation de fruits à l'alcool : point n'est besoin d'acheter le meilleur cognac ou la meilleure vodka. Le sucre à confitures est coûteux, mais il remplit bien sa fonction (on peut aussi utiliser du sucre de canne, préférable au sucre de betterave). Ce sucre contenant de la pectine n'est toutefois que rarement nécessaire, sauf pour les fruits fragiles tels que les fraises. Le jus de citron peut être utile ; je ne cherche jamais à confectionner des confitures très compactes, mais plutôt des confitures riches en fruits, qui ne coulent pas par les trous de la tartine.

■ *Soigneusement récurés, ces vieux bocaux verts ont trouvé une nouvelle jeunesse ; ils vont bientôt être remplis de délicieuses denrées.*

## CADEAUX ET GRANDES OCCASIONS

Lorsque la conservation des denrées était une question de vie ou de mort plutôt que de simple plaisir, les fêtes religieuses et traditionnelles illuminaient le calendrier à des titres divers. Au cœur de l'hiver, quand venaient Noël et la fête des Rois, c'est dans une atmosphère de profond optimisme que l'on se dirigeait vers des jours plus longs. On sortait les conserves des placards pour savourer en grande cérémonie les mets préparés spécialement pour l'occasion. Dans chaque pays, des recettes particulières en vinrent à être associées à des moments particuliers de l'année.

On continue aujourd'hui de réaliser des recettes pur les grandes occasions – Noël, bien sûr, mais aussi mariages, baptêmes et anniversaires. Les traditions familiales jouent également : ainsi, dès que reviennent les beaux jours, je prépare une cruche de citronnade à savourer au jardin, tout comme le faisait chaque année ma mère quand nous étions enfants. Nombre de recettes et d'idées présentées dans cet ouvrage font de merveilleux cadeaux, de ceux dont on ne se demande pas d'où ils viennent et combien ils ont coûté. Rien de tout cela n'a d'importance, car il s'agit simplement de l'expression du bonheur éprouvé à consacrer une partie de son temps au plaisir d'autrui. Quoi de plus touchant qu'une telle attention ?

Pour autant que vous soyez un peu habile de vos mains, vous pourrez certainement confectionner tous vos présents de Noël à l'avance, en préparant des ratafias de fruits et des condiments aux fines herbes. A l'approche du grand jour, la préparation d'une tapenade et de fromages maison portera la promesse de cadeaux plus inattendus que de simples confiseries.

■ *Fruits, baies et feuilles glanés après les récoltes font de merveilleuses décorations.*

# AUTOMNE

Déjà les journées sans fin de l'été appartiennent au passé. Les jours raccourcissent, les premières gelées apparaissent, on ressent l'urgence qu'il y a à récolter tous les bons produits de saison, dans les jardins et les haies. Les fruits de toutes sortes, à pépins ou à écale, doivent être entreposés ou mis en conserve, tout comme les champignons. Le moment est venu d'arracher et de protéger les racines alimentaires du potager, qui devront durer jusqu'au printemps suivant.

■ *L'automne est l'époque idéale pour faire des provisions. Soigneusement entreposées dans des caisses réservées à cet effet, noix, noisettes et amandes seront dégustées tout au long de l'année.*

# AU DÉBUT DE L'AUTOMNE

Bien que nous ayons l'occasion de voir tout au long de l'année des produits frais, l'automne demeure la saison de l'abondance et des récoltes. Les jardins, les étals des marchands de primeurs et les campagnes regorgent de denrées. Certains de ces trésors de la nature sont gratuits : il suffit de se servir dans les haies, dans les arbres et sur le sol de la forêt. Si le climat s'est montré clément, et à condition que vous vous montriez plus rapide que les oiseaux et les rongeurs, noix, noisettes, amandes et châtaignes vous attendent parmi les feuilles jaunies. Certaines années, les arbres des jardins sont tellement chargés de fruits que l'on ne peut tous les utiliser ni même les donner. On se sent alors coupable de laisser se perdre des paniers entiers de pommes ou de poires. Il ne faut cependant rien regretter, car ce que les hommes négligent, les oiseaux, les insectes et les souris s'en délectent. Il est aussi agréable d'observer les papillons se nourrir du sirop qui s'écoule des prunes blettes que de savoir ces fruits conservés dans des bocaux. Il suffit de préparer un ou deux pots de confitures ou de condiments pour que la satisfaction du devoir accompli vienne amplement rétribuer les quelques heures consacrées à utiliser une partie des produits de saison.

■ *Le duvet velouté qui recouvre la peau des prunes les rend particulièrement appétissantes, qu'elles proviennent des haies ou du verger.*

A cette époque de l'année, les dernières prunes et prunes de Damas sont encore de saison ; un peu plus tard, les prunelles et les béloces sont à disposition dans les haies. Ces dernières, pareilles à de petites reines-claudes, sont tout d'abord vertes, avant de prendre en mûrissant une couleur abricot, translucide et tachetée. Les fruits sauvages se caractérisent par une astringence et une puissance de goût qui les feront préférer pour la préparation de recettes nécessitant un important apport de sucre. Si les prunes des vergers sont bonnes à manger fraiches cueillies ou cuites de façon toute simple, des fruits sauvages tels que les baies de sureau et les prunelles, à la saveur intense, conviennent parfaitement à la confection de gelées et pâtes de fruits. Il est une exception à cette norme : les mûres sont sucrées et douces au goût ; si les enfants adorent la gelée de mûres, il convient d'en relever la saveur en l'additionnant généreusement de jus de citron ou de pomme sauvage.

On manque souvent de place à cette époque pour entreposer tous les produits de la nature et du jardin que l'on souhaite conserver en prévision de l'hiver. A la fin de l'été, tous les produits de l'année précédente devraient avoir été consommés, et les étagères ne devraient plus être garnies que de conserves estivales. La majeure partie des provisions de l'automne sera conservée de longs mois durant, et consommée tout au long de l'année, aussi est-il essentiel d'organiser le rangement de la réserve – par exemple, il convient de ranger les bocaux de condiments, qui ont besoin de temps pour s'affiner, sur les étagères les plus élevées ou au fond des placards.

Les produits du jardin (racines comestibles, notamment) seront récoltés et entreposés dans un endroit préparé à cet effet. Sous les climats les plus doux, le mieux est de laisser les carottes et autres panais en terre jusqu'au moment où l'on en a besoin, mais les oignons, les pommes de terre, les betteraves et les navets doivent être gardés à l'abri du gel. A condition qu'elles soient saines, les courges et les citrouilles se conservent bien dans un appentis ou à la cave. Il est conseillé d'en entreposer ainsi la plus grande quantité possible, afin de les préparer ultérieurement, après que toutes les denrées périssables auront été utilisées.

Certaines denrées doivent être préparées aussi rapidement que faire se peut : il en va ainsi des champignons, mais aussi des fruits ou des légumes très mûrs. D'autres produits, tels que les noix et les choux rouges et blancs, se conservent de longues semaines, accrochés à des ficelles ou dans des filets dans un lieu frais et sombre.

## PATES DE FRUITS

Dès le Moyen Age et jusqu'au XIX^e siècle, l'on accordait une grande importance au nombre des fruits en conserve qu'un foyer pouvait produire. La couleur jouait un rôle essentiel ; aussi une simple recette de pâte de pommes était-elle souvent adaptée de manière à donner des nuances allant du vert le plus pâle à l'ambre et au rouge. Les pâtes de fruits étaient utilisées pour garnir des tartes et tourtes aux motifs décoratifs fort élaborés, aussi complexes que les parterres des jardins à la française ou certaines pièces d'orfèvrerie. Cette tradition a survécu jusqu'à nos jours, sous la forme des tartes à la confiture multicolores de nos campagnes.

A ce moment de l'année, on se préoccupe de garnir le garde-manger plus que de confectionner des lotions, des parfums et autres produits ménagers. Les dernières roses de l'été peuvent être cueillies pour leurs pétales. La lavande tardive est alors abondante, ainsi que de nombreuses herbes aromatiques, qui pour la plupart auront toutefois perdu leur fraîcheur et leur puissance estivales. Si l'on a fait pousser des plantes pour leurs graines, le moment est venu de récolter celles-ci et de les faire sécher. La méthode la plus simple consiste souvent à placer toute la branche ou le brin porteur de graines dans un grand sac en papier, puis à le secouer pour extraire les graines mûres. Les liqueurs, ratafias et autres boissons élaborées par macération de divers ingrédients dans un liquide alcoolisé peuvent être préparées pour être consommées dès le début de l'hiver ; certaines de ces boissons méritent cependant d'être conservées pendant une année.

## PATE DE PRUNES SAUVAGES

Ceci est une variante d'une ancienne recette de pâte de coings, qui peut se déguster au dessert ou comme confiserie. Sa réussite repose sur l'emploi de fruits à la saveur très prononcée, capable de résister à une cuisson prolongée et au goût du sucre. Il n'est pas nécessaire de dénoyauter les fruits avant la cuisson.

*1,4 kg de prunes sauvages ou de prunelles*
*30 cl d'eau*
*1 kg de sucre en poudre*
*Sucre en poudre pour la décoration*

Faire ramollir les prunes à feu doux dans de l'eau, les passer au chinois puis les remettre sur le feu avec le sucre. Réduire en purée épaisse, en remuant fréquemment. Laisser mijoter jusqu'à ce que la pâte de fruits épaississe encore et bouillonne de façon spectaculaire. Lorsque la pâte déborde de la casserole, la verser dans un plat peu profond et la laisser refroidir. Couper la pâte de fruits en dés et roulez ceux-ci dans du sucre. Garder dans un récipient hermétique, jusqu'au moment de servir.

■ *La pâte consistante, riche et savoureuse que l'on confectionne avec des prunes sauvages se conserve jusqu'à l'hiver et même au-delà. Elle se déguste en dessert, seule ou avec du fromage blanc.*

## MARMELADE DE GRATTE-CUL

Cette recette d'origine danoise est à mi-chemin de la confiture et de la conserve. Très fruitée, cette marmelade ne se solidifie pas complètement. Au Danemark, on la conserve fréquemment jusqu'à la fin de l'hiver ou au début du printemps : elle sert alors de tonifiant. Tous les gros fruits d'églantier (gratte-cul) conviennent, qu'il s'agisse de variétés sauvages ou cultivées (roses japonaises rugosa).

*1 kg de gratte-culs, épépinés*
*20 cl de vinaigre de malt*
*30 cl d'eau*
*1/2 gousse de vanille*
*500 g de sucre*
*Le jus d'1 ou 2 citrons*

Dans une grande casserole, faire mijoter à feu doux les gratte-cul, le vinaigre, l'eau et la vanille. Lorsque le mélange est presque complètement ramolli, ajouter le sucre et poursuivre la cuisson jusqu'à ce que la marmelade épaississe. Ajouter du jus de citron. Oter la gousse de vanille et répartir dans de gros bocaux – en porcelaine de préférence, afin d'éviter toute décoloration de la marmelade.

■ *Très riches en vitamine C, les gratte-culs font de délicieuses conserves mais aussi une confiture à la saveur subtile (ci-contre).*

Les propriétés à la campagne qui ont des arbres fruitiers disposent fréquemment de place dans des appentis pour y entreposer les fruits en surplus, mais il est souvent difficile de tenir à l'écart les souris, les rats et les insectes attirés par ces trésors comestibles. Jadis, les grands jardins potagers étaient équipés de constructions spécialement destinées à la conservation des fruits : de forme souvent circulaire, elles étaient couvertes d'un toit de chaume et leur intérieur était garni de nombreuses étagères bien ventilées. Tous les meilleurs fruits – poires, pommes, nèfles, coings et raisins (dont les tiges étaient immergées dans des bocaux pleins d'eau) – y étaient entreposés. Des étagères à claire-voie représentent encore un bon moyen de conserver

■ *A la fourche d'un vieux pommier du Sussex, ces pommes Lady Sudeley attendent que la cueillette soit achevée pour prendre place dans un panier (ci-dessus).*

■ *Ces poires Comice, qu'une goutte de cire va aider à conserver leur fraîcheur, sont prêtes à être entreposées pour achever tranquillement leur maturation (ci-contre).*

les fruits durant l'hiver, et ce même dans des maisons où l'espace est compté. On les placera à la cave, au grenier ou dans un cellier frais ; l'air doit pouvoir circuler entre les fruits, et jamais les poires ou les pommes ne doivent être au contact de leurs voisines. L'atmosphère doit être fraîche (afin d'éviter que les fruits ne mûrissent et ne se gâtent trop rapidement), sans être trop sèche (ils se ratatineraient).

Les entrepôts commerciaux sont réfrigérés afin de conserver les fruits jusqu'au moment de leur vente, ce qui n'améliore guère la saveur de fruits qui sont en outre le plus souvent cueillis trop tôt. Les poires, par exemple, devraient être cueillies avant leur pleine maturité, puis laissées à mûrir lentement dans un lieu où l'on peut surveiller régulièrement leur évolution. Après avoir été maintenues au froid, elles sont ensuite placées dans une pièce tiède, où elles achèvent de devenir tendres et juteuses à souhait.

La multitude des variétés anciennes de pommes et de poires rappelle que l'on cultivait des types de fruits différents à des fins elles-mêmes différentes, dans le but de disposer de fruits frais dès l'été et presque jusqu'à la première récolte de l'année suivante. Certaines pommes (dont la Norfolk Biffin) ont été sélectionnées tout spécialement pour être séchées entières : on les enfile habituellement sur de longues cordes. Nombre de variétés aujourd'hui oubliées étaient jadis employées pour faire du cidre (qui était alors la boisson quotidienne dans de nombreuses régions) ou du verjus. Au Moyen Age, c'était là l'usage presque exclusif de ces fruits, que l'on pouvait aussi conserver d'une manière ou d'une autre, les fruits frais n'étant alors guère appréciés (sans doute étaient-ils par trop acides). Certaines variétés de pommes se conservent parfaitement bien une fois cueillies, quand d'autres doivent être consommées aussitôt. Les pommes à peau luisante appartiennent à la première catégorie : elles se conservent fort bien pendant plusieurs mois, surtout si l'on prend la précaution d'emballer chaque fruit dans du papier journal. Sinon l'on devra passer quelque temps à ses fourneaux pour préparer des compotes ou des condiments à la pomme, à mettre en bocaux ou au congélateur.

## COMPOTE DE POMMES

Cette préparation des plus simples sera fréquemment utilisée dans des desserts mais aussi des sauces. On emploie souvent plusieurs sortes de pommes, mais certaines variétés de pommes à cuire se transforment sans aucun ajout en une purée mousseuse. Selon l'emploi auquel est destiné la préparation, on sucrera ou non les pommes.

Peler et vider les pommes, puis les couper en fines rondelles. Faire cuire à feu doux dans une grande casserole à fond épais, en veillant à ce que les pommes n'attachent pas, jusqu'à ce qu'elles se ramollissent ou deviennent mousseuses ; hors du feu, fouetter vigoureusement. On peut ajouter un peu de vanille, du zeste de citron râpé, du sucre, ainsi qu'une noix de beurre doux, de la cannelle ou du gingembre. Conserver cette compote dans des bocaux, scellés puis stérilisés.

Si les paniers de fruits mûrs s'accumulent, on peut faire sécher les pommes en rondelles, à condition de disposer d'une source de chaleur constante – de petites quantités peuvent

cependant être séchées au four ou dans un placard-séchoir. Une fois séchées, les rondelles, dont l'aspect rappelle celui de fragments de peau de chamois, peuvent être conservées dans de grands bocaux de verre, dans un placard frais et sombre. Pour un emploi culinaire, la meilleure solution consiste à peler les pommes avant de les faire sécher, mais dans un but décoratif on laissera la peau rouge ou verte sur les fruits. Les rondelles de pommes séchées font de superbes guirlandes pour décorer la maison à Noël. On fera alors alterner les rondelles à peau verte et rouge avec des feuilles d'eucalyptus séchées.

## RONDELLES DE POMMES SÉCHÉES

Employer des fruits sains. Les peler si nécessaire. Vider la pomme entière à l'aide d'un vide-pomme, ou couper le fruit en rondelles avant d'ôter la partie centrale de chaque rondelle à l'aide d'un emporte-pièce circulaire. Pour un emploi décoratif, ne pas vider la pomme. Couper des rondelles d'environ 3 ou 4 mm d'épaisseur. Les faire tremper pendant environ 10 minutes dans une solution salée (40 g de sel pour 3,5 l d'eau), puis les enfiler sur des cannes de bambou et les suspendre au-dessus d'une source de chaleur. Selon l'intensité de la chaleur, le séchage prend deux ou trois jours (les rondelles demeurent légèrement tendres au toucher).

■ *Une simple canne de bambou et une source de chaleur douce suffisent au séchage de dizaines de rondelles de pommes rouges et vertes.*

# CONDIMENT AUX TOMATES ET AUX POIVRONS JAUNES

Les tomates du jardin restent souvent sur pied longtemps après la fin de l'été, si aucune gelée précoce ne vient les gâter. On peut arracher les tiges dures des tomates de pleine terre, puis laisser mûrir les tomates encore vertes dans un lieu sec tel qu'une grange ou une serre. Elles n'ont pas besoin de soleil pour mûrir, mais ne seront pas aussi savoureuses qu'en plein été. Ces fruits peuvent être employés dans la préparation de condiments et de confitures. La combinaison des tomates vertes, des noix et des citrons est particulièrement subtile et délicieuse. Pour préparer une telle confiture, on utilisera n'importe quelle recette de base, en adoptant une proportion de deux citrons coupés en fines rondelles et 150 g de noix hachées pour 1 kg de tomates.

■ *Le jaune vif des ingrédients frais se transforme en riches nuances dorées, dès lors que les fruits, les légumes et les épices ont mijoté dans la préparation d'un condiment.*

Les amateurs de condiments sont perpétuellement en quête de nouvelles recettes. En matière de condiments, l'inventivité doit s'accompagner d'une certaine retenue, car l'emploi d'ingrédients trop nombreux finit par aller à l'encontre du but recherché. Soulignons que les saveurs se modifient et se développent au cours de la conservation.

*2 kg de tomates jaunes*
*500 g d'oignons*
*500 g de poivrons jaunes*
*Sel*
*700 g de sucre*
*1 l de vinaigre de vin blanc ou de cidre*
*15 g de graines de moutarde*
*15 g de piment de Cayenne*
*15 g de curcuma*
*15 g de cumin en poudre*
*3 gousses d'ail hachées*

Peler les tomates. Pour ce faire, les plonger dans de l'eau bouillante pendant 4 minutes, puis dans de l'eau froide, et enfin les peler. Couper les tomates, les oignons et les poivrons en rondelles, les placer dans un grand plat peu profond et les saupoudrer de sel. Laisser reposer toute une nuit, puis rincer et égoutter. Dans une grande casserole, faire chauffer le sucre, le vinaigre et les épices, en remuant, jusqu'à ce que le sucre ait fondu, puis ajouter les rondelles égouttées. Faire mijoter à feu doux pendant environ 3 heures, en remuant fréquemment. Ce condiment est prêt lorsqu'il a la consistance d'une confiture – pour atteindre ce stade, il peut être nécessaire d'ajouter du vinaigre ou de laisser mijoter plus longtemps. Oter du feu, laisser refroidir légèrement avant de mettre en pots et de sceller ceux-ci. Conserver plusieurs semaines avant emploi.

Le goût des aliments épicés ou macérés est partagé dans le monde entier. Ce qui était initialement un moyen de conserver les aliments est devenu une branche à part entière de l'art de la cuisine. La méthode consistant à faire macérer des denrées dans du vinaigre ou du verjus est employée depuis des siècles : au Moyen Age, on faisait ainsi macérer des fleurs, y compris des boutons de roses entiers, ainsi que diverses tiges et racines, afin d'en garnir des salades hivernales. Le même traitement était appliqué à la salicorne et aux boutons de genêts au XVIIe siècle, aux radis, aux reinettes, au fenouil et aux noix fraîches un siècle plus tard. Au XIXe vinrent s'ajouter à la liste des produits exotiques tels que la mangue, mais aussi des ingrédients plus courants comme le chou et même les œufs.

# AU CŒUR DE L'AUTOMNE

Les champignons inspirent parfois une certaine méfiance, mais dans de nombreux pays, en France et en Italie notamment, les promenades automnales dans les bois et les forêts sont souvent l'occasion de rapporter de pleins paniers de délicats champignons, qui seront utilisés dans la préparation de merveilleuses soupes ou sauces, ou seront séchés pour être employés tout au long de l'hiver.

La consommation de champignons non identifiés présente certes des risques, mais dans la plupart des cas les meilleures variétés comestibles sont faciles à reconnaître. Dans le doute, on n'hésitera pas à consulter des ouvrages spécialisés ou, mieux, à s'adresser à un pharmacien.

Certains types de champignons se prêtent parfaitement au séchage. Les cèpes (*Boletus edulis*), gros champignons dodus à

la chair spongieuse, abondent à la fin de l'automne dans les bois de hêtres. On peut jeter la tige si elle est trop dure, couper le chapeau en fines lamelles, puis enfiler celles-ci sur des ficelles ou les étaler sur un grillage à mailles serrées ou une mousseline, afin de les laisser sécher dans un lieu tiède et aéré. En l'absence d'une source de chaleur douce et constante, on peut faire sécher les champignons au four (température au minimum), dont on laissera la porte entrouverte afin que l'humidité puisse s'échapper. Les champignons des prés, et même les champignons de couche, peuvent être conservés ainsi. A moins qu'ils ne soient énormes, on les fera sécher entiers, avant de les conserver dans des bocaux. Au moment de les utiliser (dans des soupes et des ragoûts), il suffit de les plonger dans l'eau pour qu'ils retrouvent leur volume.

Autre champignon sauvage délicieux et facile à identifier, la girolle ou chanterelle (*Cantherellus cibarius*) présente une belle couleur abricot et une forme de trompette. La saveur subtile, légèrement terreuse, de ce champignon des bois rend préférable son utilisation en tant que met à part entière. Les cuisiniers italiens qui aiment et respectent toutes sortes de champignons sauvages, confectionnent de superbes recettes à base de champignons marinés (qui font d'excellents hors-d'œuvre), ainsi que des sauces et des condiments propres à relever soupes et ragoûts.

■ *Les champignons inconnus doivent être identifiés avec sérieux et précaution. On pourra consulter des ouvrages spécialisés ou faire appel à des mycologues avertis (ci-contre, en haut).*

■ *A l'automne, une promenade dans les bois est souvent récompensée par une belle récolte de délicieux champignons (ci-contre, en bas).*

■ *On utilisera de petites fioles pour conserver l'essence de champignons ; après stérilisation, il convient de sceller le bouchon de liège avec de la cire à cacheter. Réfrigérer après ouverture (ci-dessus, à droite)*

## ESSENCE DE CHAMPIGNONS

Employer de gros champignons des prés noirs, pour obtenir une sauce sombre et peu épaisse, rappelant par son aspect la sauce de soja. Les quantités peuvent varier selon la récolte, mais les proportions indiquées restent applicables.

*1,8 kg d'agarics champêtres à lamelles noires*
*100 g de sel marin*
*3 gousses d'ail*
*1 litre de vinaigre de vin*
*1/2 cuiller à café de gingembre moulu*
*1/2 cuiller à café de poivre de la Jamaïque moulu*
*1/2 cuiller à café de macis moulu*
*1 pincée de poivre noir*
*2 cuillers à soupe de porto*
*2 cuillers à soupe de cognac (facultatif)*

Couper les champignons en rondelles. Dans une grande jatte, les recouvrir de sel. Laisser reposer toute une nuit. Rincer puis faire mijoter les champignons à feu doux dans une grande casserole, pendant 1 heure environ, avec l'ail, le vinaigre et les épices, en remuant de temps à autre. Passer au chinois, puis ajouter le porto et le cognac. Verser dans de petites bouteilles, puis faire stériliser pendant 30 minutes. Pour un emploi immédiat, utiliser un bouchon de liège et conserver au réfrigérateur.

On pense que le piment rouge était déjà cultivé voici neuf mille ans dans les montagnes du Mexique, mais son usage ne se répandit que beaucoup plus tardivement. Des pays comme l'Inde, dont on pourrait croire qu'ils emploient les piments de toute éternité, ne l'ont en réalité adopté qu'au XVIe siècle.

Le genre *Capsicum*, auquel appartiennent les piments forts, est sans doute originaire d'Amérique centrale et du Sud. En règle générale, les piments doux appartenant au groupe des *Capsicum annuum* croissent dans des régions tempérées, cependant que les variétés fortes de *Capsicum annuum* et de *Capsicum frutescens* proviennent des tropiques. La diffusion du piment rouge s'est effectuée par la route des épices portugaises, jusqu'en Extrême-Orient et en Afrique, puis, parallèlement à la traite des esclaves, dans le sud de l'Amérique du Nord et au Brésil.

## PIMENTS SÉCHÉS

Le séchage des piments est une opération fort simple. Il suffit de les enfiler sur de la ficelle à gigot, à l'aide d'une grosse aiguille à repriser (ne pas sucer l'extrémité du fil pour le faire repasser par le chas de l'aiguille à mi-parcours !). Suspendre la guirlande de piments au-dessus d'un poêle chaud, puis conserver les piments secs dans des bocaux jusqu'au moment de les utiliser. De telles guirlandes sont superbement colorées et décoratives, surtout si l'on emploie des variétés rouges et orange.

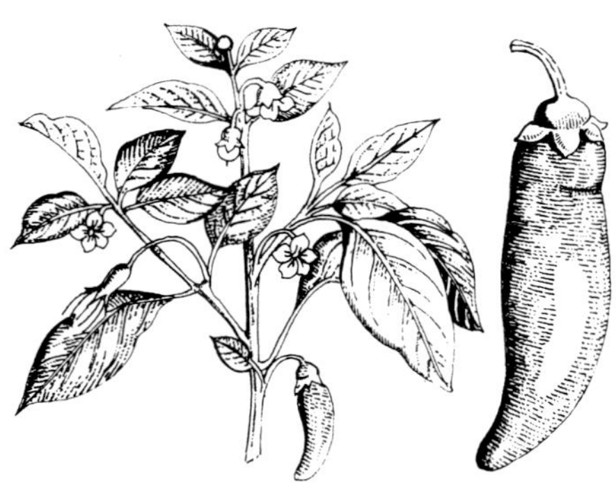

Les Espagnols en rapportèrent des graines en Europe, afin de remplacer le poivre d'Asie (*Piper nigrum*). Plusieurs variétés de piments suscitèrent aussitôt un vif engouement, contrairement à de nombreux produits sud-américains, tels que le maïs et les tomates, qui ne furent acceptés que beaucoup plus lentement en Occident.

Le piment rouge est aujourd'hui l'épice la plus utilisée au monde. Au fil des ans, piments séchés et en poudre sont entrés dans maintes recettes de sauces et condiments ; depuis quelques années, grâce à la vogue des cuisines exotiques, on sait en outre comment accommoder des piments forts frais, rouges ou verts. On compte plus de cent cinquante variétés de piments, mais l'on ne trouve le plus souvent que deux ou trois sortes de piments frais (le choix de piments séchés ou en conserve est plus étendu). Les piments les plus forts sont les piments-oiseaux, appelés *pequin* au Mexique ; d'autres variétés, dont les *poblanos* (mexicains également), sont moins fortes et présentent une saveur plus caractéristique. Les graines et la pulpe de l'intérieur d'un piment contiennent un alcaloïde vulnérant, la capsicine, qui brûle et irrite la peau ; tout contact avec les yeux est extrêmement douloureux. Lorsque l'on prépare des piments, la plus grande prudence est de rigueur – il faut absolument éviter de se frotter l'œil d'un doigt couvert de jus de piment. Il est conseillé de porter des gants et de jeter les graines. Les effets analgésiques de la capsicine sont mis à contribution dans l'élaboration de médicaments, mais l'histoire regorge d'exemples plus déplaisants de cette substance. Le piment fort est censé combattre le mal de tête : c'est pour cette raison que le Tabasco entre souvent dans la composition de recettes des lendemains de fêtes.

Les piments doux et autres poivrons nous sont plus familiers, car liés dans notre esprit aux plats méditerranéens du Midi de la France, de l'Espagne ou de l'Italie. Cultivés tout au long de l'année, ils sont désormais employés quotidiennement ou presque, dans de nombreuses régions. La meilleure façon de préserver leur saveur consiste à les peler en les faisant griller, puis à les conserver dans de l'huile d'olive ce qui leur confère un caractère fumé et fondant, très éloigné de la consistance croquante et du goût un peu amer des poivrons crus.

■ *Les piments brûlent en dégageant une chaleur intense et des flammes de couleur vive, qu'ils soient frais ou, comme ici, séchés et enfilés en longues guirlandes décoratives(ci-contre).*

# POIVRONS ROUGES A L'HUILE

Des bocaux de poivrons rouges conservés dans de l'huile permettent de composer un plat de dernière minute ou de compléter un assortiment de hors-d'œuvre. Soigneusement égouttées, les lamelles de poivron peuvent aussi s'ajouter à des sauces accompagnant des pâtes, et à d'autres plats qu'enrichiront la couleur, la consistance et la saveur fumée des poivrons ainsi préparés. On pourra également utiliser des poivrons de couleur jaune ou orangée, voire un mélange de ces trois coloris. Il est difficile d'indiquer avec précision les quantités, aussi convient-il d'adapter la préparation en fonction des ingrédients dont on dispose, sans négliger le fait qu'en grillant les poivrons perdent de leur volume (un petit bocal contient environ quatre poivrons frais).

*Poivrons rouges bien mûrs*
*Huile d'olive*

Pour peler un poivron, le piquer sur une fourchette et le tenir au-dessus de la flamme de la gazinière, ou le placer au gril très chaud, en le retournant régulièrement jusqu'à ce que la peau soit cloquée et carbonisée. Mettre les poivrons dans un grand sac en papier, refermer celui-ci et laisser les poivrons rendre de l'eau. Lorsqu'ils sont refroidis, la peau s'enlève aisément. Couper chaque poivron en deux, ôter graines et membranes, puis couper la chair en fines lamelles. Sécher celles-ci avec du papier absorbant. Placer les lamelles dans des bocaux propres et les recouvrir d'huile d'olive. Boucher les bocaux, puis les conserver au frais. A mesure que l'on consomme les poivrons, veiller à ce que les lamelles restent bien immergées dans l'huile.

■ *Une sélection de poivrons et de piments rouges conservés dans l'huile, avec des grains de poivre. Les bouchons peuvent être scellés avec de la cire à cacheter (double page suivante).*

Une partie de la grande récolte automnale est souvent négligée : il s'agit des graines, qui pourtant se prêtent à des usages multiples. Nous sommes tous conscients de l'immense diversité des fruits et légumes à notre disposition, mais les graines que contiennent nombre de ces fruits sont tout aussi comestibles et délicieuses ; de plus, elles regorgent souvent d'éléments minéraux, d'huiles excellentes pour la santé et d'autres substances que l'on ne trouve guère ailleurs. Les graines sont autant de petites réserves d'énergie – il suffit, pour s'en convaincre, d'observer la rapidité avec laquelle des cosses brunâtres apparemment inertes se muent en de belles et vigoureuses pousses vertes.

Certaines de ces graines connaissent actuellement un regain de faveur : il n'est pas rare de trouver dans le commerce du pain agrémenté de graines de lin, de sésame ou de tournesol. Les graines aromatiques, de cumin ou d'anis, par exemple, sont elles aussi en vogue. Le gâteau au carvi, jadis l'objet d'un certain mépris, est désormais considéré comme un mets de choix, en raison de sa rareté. Pour peu qu'il soit correctement préparé avec du beurre et de bons œufs, ce gâteau est tout à fait délicieux. De gros fruits tels que les citrouilles contiennent d'énormes quantités de graines souvent inutilisées, alors qu'il est très facile de les séparer du cœur fibreux et de les laver, avant de les étaler sur une plaque à pâtisserie pour les laisser sécher en un lieu tiède puis de les entreposer dans des bocaux. Il n'y a plus ensuite qu'à les faire griller pendant environ 25 minutes au four (à température modérée), après les avoir arrosées d'un mélange de sel et d'huile végétale.

Les graines de citrouille peuvent aussi servir à composer une préparation épicée aussi savoureuse que facile à réaliser, dont on agrémentera des pommes de terre à l'eau, des salades ou des œufs durs. Il suffit de faire griller en quantités égales des noisettes, des graines de citrouille et des graines de sésame saupoudrées de graines de cumin et de coriandre. Ajouter une pincée de piment en poudre, saler et poivrer. Concasser ce mélange dans un moulin à café ou au robot ménager, puis conserver dans un bocal hermétiquement fermé jusqu'à emploi. En grillant, les graines libèrent leurs huiles aromatiques, ce qui exalte leur saveur – la chaleur ne doit cependant pas être trop intense.

Les graines de tournesol, qui doivent être préalablement débarrassées de leur enveloppe externe dure, peuvent aussi être grillées ou assaisonnées de sauce de soja, de piment ou de cumin, avant d'agrémenter des salades ou des pains. On peut également saupoudrer de graines de tournesol des yaourts au miel.

## PAIN AUX GRAINES DE TOURNESOL ET DE CITROUILLE

Ce pain délicieux et consistant, se déguste sans beurre. Les flocons d'avoine et les graines lui confèrent une saveur légèrement sucrée, qui en font un accompagnement parfait des fromages légèrement salés et des mets épicés. Les quantités indiquées conviennent pour deux miches.

PREMIÈRE ÉTAPE

*1 sachet de levure de boulanger (env. 6 g)*
*350 g de farine de froment*
*350 g de farine complète*
*30 cl de lait tiède*
*60 cl d'eau tiède*

DEUXIÈME ÉTAPE

*1 cuiller à café de sel*
*75 g de beurre fondu*
*350 g de farine complète*
*450 g de flocons d'avoine*
*75 g de graines de citrouille hachées*
*75 g de graines de tournesol hachées*

PREMIÈRE ÉTAPE Mélanger la farine blanche et la farine complète avec la levure. Ajouter le lait et l'eau tièdes ; mélanger. Couvrir d'un linge humide et laisser lever pendant environ 1 heure.

DEUXIÈME ÉTAPE Ajouter le sel, le beurre fondu, le reste de farine complète, les flocons d'avoine et les graines, puis pétrir pour obtenir une pâte assez molle. Ajouter du liquide si nécessaire. Laisser lever de nouveau, couvert d'un linge humide, pendant environ 50 minutes. Pétrir de nouveau la pâte, puis la laisser lever une troisième fois, pendant environ 40 minutes. Façonner deux pains, puis les placer sur de grandes plaques à pâtisserie graissées et farinées. Couvrir, puis laisser lever dans un lieu tiède, pendant environ 1 heure. Faire cuire au four chaud, pendant environ 1 heure. Laisser refroidir sur une grille.

Les petites graines bleu-gris du pavot sont elles aussi fréquemment utilisées, pour garnir des pains par exemple ; dans la cuisine d'Europe de l'Est, on les emploie de manière plus inventive et en quantités suffisantes pour que l'on puisse en apprécier la saveur unique. Concassées avec du miel, elles agrémentent de délicieuses pâtisseries. Elles sont faciles à récolter, mais il faut veiller à cultiver la variété alimentaire, *Papaver somniferum*.

■ *Un pain de campagne fait maison est si savoureux qu'on peut le déguster sans accompagnement. Les graines de citrouille et de tournesol contribuent à donner une consistance à ces pains.*

En cuisine, les graines et les fruits à écale sont souvent associés. Pourtant, leurs qualités respectives sont fort différentes. Les fruits à écale sont depuis toujours appréciés pour leur teneur en protéines, en vitamines et en éléments minéraux.

Une fois écalées, les noix, noisettes et amandes rancissent rapidement, aussi convient-il de ne les décortiquer qu'au fur et à mesure des besoins, ou de les conserver en un lieu frais, sec et sombre, dans un récipient hermétique. Diverses méthodes ont été mises au point pour les conserver le plus longtemps possible. On peut désormais en trouver dans le commerce tout au long de l'année ou presque, ce qui n'empêche pas les périodes de surabondance.

Les noix qui tombent de l'arbre conservent fréquemment une partie des fibres de l'enveloppe verte du fruit. Avant de les entreposer, il est nécessaire de bien nettoyer les coquilles. Les noix fraîches sont particulièrement délicieuses, dégustées avec du pain, du beurre et du sel. Au Moyen Age, on les conservait dans la terre ou dans du sel, afin d'empêcher qu'elles ne se dessèchent. Les noisettes mûres, toujours lisses et parfaites dans leur coquille, peuvent être simplement entreposées dans des filets. Un endroit frais, sombre et aéré fournit les meilleures conditions de conservation de tous les fruits à écale.

■ *Récolte des fruits à écale (ci-contre). Les noix peuvent être conservées dans du gros sel, afin de conserver toute leur fraîcheur (ci-dessous).*

## PRALINES

Les véritables pralines de confiseur sont confectionnées à partir d'un mélange de noisettes et d'amandes. Cette préparation représente un moyen idéal de conserver les unes et les autres. Les noisettes et amandes sont d'abord grillées, puis plongées dans du sucre caramélisé. Des ingrédients aussi simples suffisent à composer l'une des meilleures garnitures de crèmes glacées et de gâteaux qui soient. Présentée en plaque, la praline peut se déguster seule. Réduite en poudre, elle se conserve très bien dans un bocal hermétique, et peut même être congelée. On peut en préparer autant qu'on le souhaite, à la seule condition d'utiliser une quantité de sucre égale à celle de mélange d'amandes et de noisettes.

*75 g d'amandes entières, non mondées*
*75 g de noisettes, non mondées*
*150 g de sucre semoule*

Faire griller les amandes et les noisettes sur des plaques à pâtisserie séparées, pendant environ 6 minutes au four à température moyenne. Agiter fréquemment les plaques pour retourner amandes et noisettes. Lorsqu'elles sont légèrement dorées, les sortir du four. Réserver les amandes. Secouer les noisettes dans un linge sec, pour décoller les membranes parcheminées. Dans une casserole à fond épais, faire fondre le sucre à feu doux. Remuer de temps à autre, jusqu'à ce que le sucre ait complètement fondu. Le laisser bouillonner jusqu'à ce qu'il soit légèrement doré. Ajouter les amandes et les noisettes, poursuivre la cuisson pour faire brunir le sucre, sans le laisser brûler. Hors du feu, verser rapidement la préparation dans un plat peu profond tapissé de papier sulfurisé ; laisser refroidir. Lorsque la praline a durci, la briser en fragments grossiers. La conserver ainsi, ou la pulvériser au mixeur ou au rouleau à pâtisserie.

## NOIX CONFITES

Joliment présentés dans un cône en carton, ces demi-cerneaux de noix enrobés de confiserie feront un cadeau idéal.

*100 g de demi-cerneaux de noix*
*225 g de sucre semoule*
*Le jus d'une orange, additionné d'eau*
*pour obtenir 15 cl de liquide*
*Le zeste râpé d'une orange*
*1 cuiller à café de cannelle en poudre*

Au four préchauffé à 180 °C, faire griller pendant 15 minutes les noix étalées sur une plaque à pâtisserie. Pendant ce temps, faire fondre à feu doux le sucre additionné de jus d'orange ; porter à ébullition, puis faire cuire rapidement, sans remuer, jusqu'à ce que la température atteigne 116 °C (utiliser un pèse-sirop). Hors du feu, ajouter le zeste d'orange, la cannelle et les noix. Remuer jusqu'à obtention d'une préparation crémeuse. Transférer sur un plat et séparer les noix. Conserver dans un récipient hermétique.

■ *Les amandes, les noix et les noisettes se transforment en confiseries irrésitibles.*

# A LA FIN DE L'AUTOMNE

Le chou, humble légume, n'en est pas moins l'un plus appréciés au monde. Les variétés originelles, issues de plantes littorales du genre *Brassica*, sont feuillues, dures et vigoureuses. Depuis l'Antiquité romaine, les choux jouent un rôle important dans l'alimentation des pauvres gens ; dans de nombreux pays, le ragoût médiéval de choux et de haricots fut pendant des siècles un plat de base. Il n'est pas facile de conserver le chou, rouge ou blanc : on pourra cependant le faire macérer dans du vinaigre ; les choux se conservent bien suspendus en un lieu frais et sombre.

■ *Trop souvent décrié, le chou mérite pourtant toute l'estime des gastronomes. Il en existe maintes variétés, rouges, vertes ou blanches.*

## CHOUCROUTE

Ce plat d'origine alsacienne est composé de chou blanc débité en fins rubans, fermenté dans de la saumure. La choucroute faite maison récompense amplement le temps et les efforts consacrés à sa préparation. Les baies de genièvre ajoutent encore aux qualités gustatives de ce célèbre plat, qu'il vaut mieux préparer en quantité – c'est pourquoi il faut disposer d'un grand plat en terre cuite d'une contenance d'au moins 9 litres, ainsi que d'une grande jatte pour la première phase de la préparation.

*4 gros choux compacts*
*150 g de sel de mer*
*Graines de carvi*
*Baies de genièvre*

Ébouillanter le bocal et tapisser le fond de feuilles de chou entières. Débiter le chou en rubans très fins, en enlevant la tige dure et le cœur. Peser le chou, puis le placer dans une très grande jatte avec 20 g de sel par kilogramme de chou. Laisser reposer pendant une vingtaine de minutes, puis déposer des couches successives de chou déchiqueté dans le pot, en ajoutant de temps à autre des baies de genièvre et des graines de carvi. Ajouter le jus éventuellement déposé dans la jatte. Recouvrir le dessus du chou d'une double épaisseur de mousseline, puis couvrir le pot d'une assiette. Déposer un poids sur l'assiette et laisser le pot pendant plusieurs jours dans une pièce à environ 21 °C. Lorsque de la mousse apparaît, ôter le poids et l'assiette, enlever l'écume, laisser reposer deux jours ; répéter l'opération pendant deux semaines. La choucroute est prête à consommer. La conserver au réfrigérateur ou au congélateur, ou la faire chauffer juste au-dessous du point d'ébullition, pour la répartir dans des bocaux tièdes puis la stériliser (au bain-marie 20 minutes pour 1 litre). Consommer avec une purée de pommes de terre et des viandes froides.

## CHOU ROUGE MACÉRÉ AU VINAIGRE

Ainsi préparé à l'ancienne, le chou rouge accompagnera fromages et viandes froides. On peut le déguster juste après la préparation – grâce au vinaigre, il demeure délicieusement croquant.

*2 choux rouges*
*100 g de sel*
*60 cl de vinaigre de vin*
*60 cl de vinaigre de malt*
*4 feuilles de laurier*
*1 cuiller à soupe de baies de genièvre*
*4 piments forts séchés, entiers*
*1 cuiller à soupe de grains de poivre noir*
*1 petit morceau de gingembre frais*
*2 cuillers à café de graines de coriandre*
*5 feuilles de macis*

Couper les choux en quatre. Oter la tige et le cœur. Les débiter en rubans très fins, les placer dans une jatte, saupoudrer de sel les couches successives, puis laisser reposer 24 heures. Dans une casserole, mélanger les deux vinaigres et les épices à l'exception des feuilles de laurier et de baies de genièvre. Porter à ébullition, laisser frémir pendant 5 minutes puis laisser refroidir. Le lendemain, laver et égoutter le chou, puis le répartir dans des bocaux avec les feuilles de laurier et les baies de genièvre. Verser le vinaigre filtré, puis boucher les bocaux.

## REMÈDES CONTRE LE RHUME

Il est maintes manières naturelles de soulager les symptômes d'un méchant rhume. Qu'on la sirote lentement ou qu'on l'inhale, la tisane de menthe poivrée dégage rapidement la respiration, tout comme l'huile d'eucalyptus : il suffit d'en verser quelques gouttes dans un bol d'eau très chaude, de se couvrir la tête d'une serviette et d'inhaler. Pour se sentir mieux, l'on pourra prendre un bain chaud additionné de quelques gouttes d'huiles essentielles – de thym, d'eucalyptus, de citron et de romarin. Quelques gouttes de ces huiles déposées sur un carré de mousseline placé sous l'oreiller pendant la nuit exerceront aussi une action bénéfique.

Jadis chaque grande demeure produisait toutes sortes de remèdes et potions, destinés à combattre tous les maux et affections de la mauvaise saison. Engelures, rages de dents, toux et rhumes étaient ainsi traités sur place, avec des réussites diverses. Au XVII^e^ siècle, on préparait des sirops et boissons variés, souvent à base d'infusions de fleurs, qui devaient être fort agréables à ingurgiter : il semble en fait que ces préparations aient eu avant tout pour objet d'apporter le réconfort (elles étaient souvent assez fortes pour que l'on ne se souciât plus des symptômes). De petites confiseries confectionnées avec des pétales de roses de Damas et du sirop de citron étaient censées lutter contre les maux de gorge ; le miel sucré et apaisant, considéré comme un antiseptique naturel, entrait fréquemment dans la composition de tels remèdes. Au XIX^e^ siècle, les médicaments deviennent plus durs à avaler : l'on forçait souvent les enfants à ingérer d'effrayantes mixtures, dans un but préventif autant que curatif. Les enfants d'aujourd'hui se trouvent certainement fort bien de n'être plus badigeonnés de graisse d'oie au début de l'hiver et emmitouflés dans de la flanelle jusqu'au printemps, et de ne plus avoir à absorber de grandes cuillerées d'huile de foie de morue ; ils seraient sans doute heureux de déguster un bon sirop pour la toux préparé à la maison. Parmi les anciens antitussifs, on compte des bonbons préparés avec des tiges et des feuilles de tussilage (ou pas-d'âne), herbacée sauvage qui fleurit au début du printemps.

Dotée de maintes vertus curatives, la cannelle, à la saveur réconfortante et au chaleureux parfum, trouve depuis des siècles son emploi dans les chambres de malades autant qu'en cuisine. Dans une recette datant de 1600, cette épice réduite en poudre entrait en grandes quantités dans la composition de bonbons destinés à combattre le rhume. Au moment de partir à la messe, les enfants recevaient parfois de petits bâtons de cannelle, afin sans doute de ne pas tousser durant le sermon. Aujourd'hui, nous faisons de la cannelle un usage plus modéré qu'autrefois, et la réduisons au rôle d'épice. La cannelle est l'écorce dépouillée de son épiderme d'une variété de laurier (le cannelier, *Cinnamomum zeylanicum*) ; elle est vendue sous la forme de petits rouleaux ou réduite en poudre (dans ce cas, elle perd rapidement de sa saveur). On avait jadis coutume de la conserver dans un saupoudroir en argent, que l'on agitait au-dessus de certains desserts, au moment de servir.

Un autre remède ancien contre les rhumes persistants des enfants consistait à façonner des boulettes de beurre mélangé à du miel granuleux ou épais, qui fondait dans la bouche et apaisait la gorge. Pour les plus grands, il est un bon moyen de s'assurer une bonne nuit de sommeil au début d'un méchant rhume ; il suffit de boire juste avant de se coucher un mélange brûlant de jus de citron, de miel et de whisky ou de rhum. Le citron et le miel seuls sont assez efficaces, mais l'adjonction d'alcool semble faire agir plus rapidement le remède. Le sirop classique à base de citron, de miel et de glycérine est toujours apprécié, et certainement plus agréable à ingurgiter que nombre des sirops vendus en pharmacie. On peut en préparer à la fin de l'automne, ou à tout le moins veiller à disposer des ingrédients nécessaires pour les utiliser lorsque le besoin s'en fera sentir. Le miel et la glycérine apaisent, cependant que le citron apporte une bonne dose de vitamine C.

## SIROP POUR LA TOUX AU CITRON ET AU MIEL

On utilisera du miel clarifié, qui ne se cristallise pas (la plupart des miels clairs du commerce conviennent). Le miel calme les démangeaisons de gorge, le citron fournit un apport en vitamine C. Les bienfaits de ce sirop s'appliquent aux adultes comme aux enfants.

*2 citrons bien juteux*
*15 cl de miel clair*
*5 cl de glycérine*

Presser les deux citrons, filtrer le jus. Verser le jus de citron, le miel et la glycérine dans un pichet. Mélanger soigneusement ces ingrédients. Verser la préparation dans une fiole, puis boucher hermétiquement.

■ *Ce sirop pour la toux, un peu vieillot mais très apaisant, préparé à partir d'ingrédients choisis avec soin, se caractérise par sa saveur agréable.*

## BONBONS ANTITUSSIFS A LA CANNELLE

Selon la tradition, ces bonbons antitussifs sont roulés en forme de cigares, afin de ressembler à de véritables tuyaux de cannelle.

*Eau de rose*
*Gomme arabique en poudre*
*Cannelle en poudre*
*Sucre en poudre*

Faire tiédir 2 cuillers à soupe d'eau de rose, puis ajouter suffisamment de gomme arabique (environ 2 cuillers à café) pour obtenir un sirop poisseux. Incorporer des quantités équivalentes de sucre en poudre et de cannelle en poudre, pour obtenir une pâte compacte. Abaisser la pâte obtenue sur un plat peu profond, puis, lorsqu'elle est sèche, la débiter en bâtonnets. Rouler ces bâtonnets, puis laisser sécher complètement.

■ *Ces petits bâtonnets de cannelle en poudre exercent une action apaisante sur les gorges irritées.*

Depuis que les fruits séchés et les alcools forts existent, on conjugue les uns et les autres en de délicieuses préparations. Les pruneaux à l'armagnac sont évidemment parmi les plus classiques, mais dans ce domaine l'on peut tout à fait improviser. Les recettes de cakes comprennent souvent la macération de fruits secs dans de l'eau-de-vie ou d'autres alcools, afin de leur redonner volume et saveur. Un bocal d'abricots à l'eau-de-vie ou de dattes au rhum permet d'agrémenter maints desserts (crèmes glacées notamment), mais on peut aussi déguster seul ce délice.

## RAISINS DE SMYRNE A L'EAU DE VIE

Les raisins de Smyrne jaunes sont moins courants que d'autres types de raisins secs, mais ils sont particulièrement délicieux. Leur saveur est plus fraîche, plus nette, plus proche de celle du raisin frais. Macérés dans l'eau-de-vie, ils gonflent et deviennent encore meilleurs. Il suffit de remplir un bocal de raisins secs, de les recouvrir d'alcool et de les laisser macérer pendant plusieurs semaines.

■ *Les raisins de Smyrne absorbent la saveur de l'eau-de-vie, pour la libérer dans de succulents desserts – si l'on sait résister à la tentation de les déguster à la cuiller.*

## GATEAU D'UN AN

Il est peu probable que ce gâteau soit conservé pendant un an après avoir été entamé, mais on peut le garder et l'imbiber lentement d'eau-de-vie. Simple et un peu vieillot, ce gâteau doit tout à la qualité des ingrédients. Il ne faut employer que de très bons fruits secs et des zestes confits que l'on hache soi-même. Si l'on utilise des raisins de Smyrne déjà macérés dans de l'eau-de-vie, remplacer la moitié de la quantité d'alcool indiquée dans la recette par du jus d'orange.

*350 g de raisins de Smyrne jaunes*
*100 g de zestes confits, hachés*
*225 g de raisins de Corinthe*
*225 g de raisins secs*
*15 cl d'eau-de-vie*
*225 g de farine*
*1 cuiller à café de macis, 1 de muscade et 1 de cannelle en poudre*
*225 g de beurre doux*
*225 g de cassonade*
*Le zeste râpé d'une orange et d'un citron*
*5 œufs battus*

Quelques heures avant de préparer le gâteau, arroser les fruits secs d'eau-de-vie, couvrir et laisser macérer. Garnir un moule à cake rond de 23 cm de diamètre de papier épais et de papier sulfurisé. Tamiser la farine, puis ajouter les épices. En fouettant, mélanger le beurre, le sucre et les zestes râpés pour obtenir une préparation aérée, puis ajouter progressivement les œufs ; vers la fin, ajouter un peu de farine. Incorporer le reste de la farine, puis ajouter les fruits. Le mélange doit être assez compact. Verser dans le moule à la cuiller, puis lisser le dessus, en ménageant un léger creux au centre. Faire cuire à 170 °C pendant environ 2 h 30 (vérifier la cuisson à l'aide d'une brochette). Laisser refroidir pendant 30 minutes, puis démouler sur une grille.

THORNE'S

L'automne est une période de travail intensif au jardin, qu'il faut alors débarrasser des feuilles mortes ; on arrache aussi les plantes annuelles, on plante de nouveaux arbres et arbustes. Tout le monde est animé des meilleures intentions : chacun commence par porter des gants, pour immanquablement finir par oublier de les mettre. Il est trop tard alors pour épargner aux doigts les effets du froid, de l'humidité et des souillures. Certains sols semblent exercer une action de dessiccation particulière, certaines personnes ont une peau plus résistante que d'autres. La meilleure solution consiste à utiliser des traitements préventifs avant de se mettre au travail, puis des crèmes réparatrices à la fin de chaque séance de jardinage.

Les anciennes recettes faisaient souvent appel au saindoux, aux graisses animales et à toutes sortes d'ingrédients qui ne nous sont plus guère agréables aujourd'hui. Pourtant, nombre de ces vieilles crèmes et lotions étaient étonnamment efficaces. En les préparant soi-même, on peut choisir les ingrédients qui entrent dans leur composition.

On trouvera dans les pharmacies tous les ingrédients nécessaires – il est possible de commander ceux qui manquent – mais les épiceries et les grandes surfaces ont également en stock maints ingrédients utiles. Il est bon de disposer de récipients adaptés aux diverses préparations. Les pots de verre à couvercle à pas de vis conviennent généralement le mieux à la conservation des crèmes et lotions les plus épaisses. Les crèmes qui se solidifient en refroidissant doivent être conservées dans des bocaux à col large, mais les fioles à col étroit se prêtent mieux à la conservation des préparations liquides.

## CRÈME POUR LES MAINS A LA LAVANDE

L'essence de lavande utilisée dans la préparation de cette crème joue également un rôle de cicatrisant et d'antiseptique. La cire blanche est de la cire d'abeille blanchie – on la faisait jadis blanchir au soleil. On la trouve parfois sous forme de granulés, qui se dissolvent plus rapidement que de gros blocs. Si l'on ne peut se procurer qu'un bloc de cire, il convient alors de le râper grossièrement (avec une râpe à fromage ou un couteau affilé). L'huile de noix de coco, extraite de la chair séchée de la noix de coco, est utilisée depuis des siècles dans des préparations servant à hydrater et fortifier la peau et les cheveux. Elle entre encore souvent dans la composition de produits cosmétiques du commerce.

*4 cuillers d'huile d'amandes douces*
*4 cuillers d'huile de noix de coco*
*3 cuillers de cire blanche*
*6 cuillers de glycérine*
*Essence de lavande (environ 6 gouttes si les mesures sont effectuées avec une cuiller à soupe)*

Au bain-marie, faire fondre lentement l'huile d'amandes douces, l'huile de noix de coco et la cire blanche. Mélanger soigneusement, puis ajouter la glycérine, goutte à goutte. Hors du feu, remuer pour obtenir une consistance crémeuse. Ajouter quelques gouttes d'essence de lavande. Mélanger soigneusement. Verser dans des pots.

■ *Cette crème à la lavande apaise, adoucit et parfume légèrement les mains après une séance de jardinage (ci-contre).*

■ *Les feuilles de buis servent à préparer une lotion tonifiante censée combattre la calvitie, et qui, en tout état de cause, donne à tous les types de cheveux un bel air de santé (ci-dessus).*

## LOTION CAPILLAIRE TONIQUE AUX FEUILLES DE BUIS

Nul ne saurait prétendre que ce tonique évite la calvitie, mais les feuilles de buis ont la réputation de régénérer et renforcer les cheveux, et de stimuler le cuir chevelu. La plus connue des plantes bénéfiques aux cheveux est sans doute le romarin. Cette lotion est si simple à préparer qu'il vaut la peine de l'essayer. Si elle n'empêche pas la chute des cheveux, au moins apporte-t-elle un bon rinçage astringent après le shampooing.

*4 poignées de feuilles de buis fraîches*
*1,5 l d'eau de source*
*2,5 cl d'eau de Cologne*

Dans une grande casserole, recouvrir les feuilles de buis d'eau, puis porter à ébullition. Couvrir, puis laisser mijoter pendant 15 minutes. Laisser refroidir pendant au moins 2 heures, avant de filtrer le liquide et d'ajouter l'eau de Cologne. A l'aide d'un entonnoir, verser dans des bouteilles. Employer comme lotion, ou pour rincer les cheveux après le shampoing.

# HIVER

A mesure que les journées raccourcissent et que les soirées s'allongent, on se replie à l'intérieur, en s'efforçant d'oublier les frimas du dehors. Jusqu'à ce que le temps s'améliore, il n'est plus besoin de beaucoup travailler au jardin, aussi a-t-on plus de temps à consacrer à la préparation de bons petits plats dans la douce chaleur de la cuisine. Au cours de cette période particulièrement agréable, on aura grand plaisir à préparer toutes sortes de cadeaux de fêtes et à regarnir de bocaux et de bouteilles les étagères déjà vidées des conserves du lointain été.

■ *Les pâles coloris gris-vert de ces courges sont parfaitement assortis aux nuances délavées de l'hiver. Ces variétés à la chair sèche se conservent jusqu'à l'année suivante.*

# AU DÉBUT DE L'HIVER

À cette époque de l'année, les besognes de l'office ne sont guère pressantes, mais pour les habitants des campagnes il est une tâche qui ne doit pas attendre si l'on souhaite en tirer la récompense au cours de l'année à venir. Avec un peu de chance, une promenade au long des haies permettra de cueillir un plein panier de prunelles. Ces petites prunes sauvages bleu ardoise, au petit noyau rond, dont la chair verte se caractérise par une saveur âcre, sont recouvertes d'une peau coriace à l'aspect finement velouté d'argent. Armées de redoutables épines, elles sont suspendues parmi les branches désormais dénudées. Au début du printemps, les branches non encore feuillues du prunellier (*Prunus spinosa*) se couvrent de fleurs blanches. Les amateurs de l'excellente liqueur que l'on élabore à partir des prunelles ne manquent jamais de repérer les meilleurs arbrisseaux, pour prendre de vitesse les autres cueilleurs. Certaines années, cependant, la récolte est partout bien maigre. La cueillette de ces fruits qui mûrissent tardivement doit s'effectuer après les premières gelées. Au Moyen

■ *La tradition veut que l'on perce les prunelles à l'aide d'une épine de prunellier avant de les faire macérer dans l'eau-de-vie.*

Age, l'écorce du prunellier était utilisée dans la fabrication d'une sorte d'encre ; les prunelles elles-mêmes constituaient un ancien remède pour diverses affections, dont les aphtes.

La liqueur de prunelle était jadis jugée souveraine pour combattre le froid qui envahissait les marcheurs au retour d'une sortie hivernale. Les fruits et baies sauvages sont à la base de nombreux autres ratafias et liqueurs. On élaborait autrefois des boissons revigorantes en faisant macérer dans de l'eau-de-vie des fleurs d'églantier, des sorbes, des fleurs et baies de sureau, et bien d'autres produits de la nature. Dans les régions où les hêtres étaient abondants, une sorte de liqueur de noyaux était préparée avec les jeunes feuilles. Les fleurs de genêt servaient à parfumer certains vins ; maintes recettes permettaient d'accommoder les primevères, les tussilages, les violettes et les pissenlits dans des préparations moins fortes que les mélanges à base d'eau-de-vie. La sève des arbres était également utilisée, celle des bouleaux notamment. On incisait les troncs pendant une brève période au début du printemps, afin de ne pas endommager ces arbres.

Toutes les boissons à base d'alcools forts sont simples à réaliser et généralement fort réussies. La nature de leurs ingrédients fait qu'elles ont toutes les chances d'être au moins aussi bonnes que les alcools à partir desquels elles sont élaborées. Le seul matériel nécessaire se limite à un assortiment de bouteilles et de bouchons, à un grand récipient pour les mélanges, à une passoire, à un entonnoir ainsi peut-être qu'à une mousseline ou un filtre en papier (si l'on souhaite obtenir une boisson tout à fait limpide). Les bouteilles de liqueur maison feront de magnifiques présents pour les amis. La vodka est particulièrement indiquée, mais le marc et divers alcools de fruits sont traditionnellement employés pour faire macérer des fruits tels que les cerises et les abricots, les framboises et les cassis. Une eau-de-vie de grains telle que le gin convient parfaitement aux prunelles et aux prunes de Damas : le genièvre et les herbes aromatiques qu'il contient se marient particulièrement bien avec ces fruits acides. Les liqueurs peuvent être additionnées de sirop de sucre, voire simplement de sucre. Le sirop présente cet avantage qu'on peut l'ajouter après préparation de la liqueur, et ajuster les quantités selon que l'on souhaite donner à la liqueur un caractère plus ou moins sucré.

■ *Les préparations de l'année précédente se savourent avec lenteur, dans une ambiance de confortable et paisible délectation.*

## GIN AUX PRUNELLES

La partie la plus épineuse de cette préparation consiste à piquer tous les fruits, mais on peut en faire un moment agréable de détente en famille ou avec des amis, réunis pour l'occasion autour de la table de la cuisine. Pour la première étape, un bocal à large col doté d'un couvercle est nécessaire.

1 kg de prunelles
1,2 l de gin
225 g de sucre

Percer à plusieurs reprises chaque prunelle avec une épine de prunellier ou une aiguille. Mettre les fruits dans le bocal, ajouter le sucre, puis remplir le bocal de gin. Fermer hermétiquement et entreposer dans un lieu sombre pendant au moins 4 mois, en secouant de temps à autre le bocal. Filtrer le liquide et le mettre en bouteille. Goûter, puis ajuster la quantité de sucre. Conserver jusqu'à l'hiver suivant.

Depuis que l'on a découvert que le sucre avait pour effet d'assurer la conservation des fruits, la confiserie est devenue un art à part entière. Dès le début du XVII^e^ siècle, des livres de recettes enseignaient la façon de glacer et de confire toutes sortes de fleurs et de fruits.

## LES FRUITS CONFITS

Le principe de la confiserie est fort simple, mais sa réalisation prend du temps : on plonge progressivement les fruits dans du sirop de sucre de jour en jour plus dense, jusqu'à ce que la chair des fruits devienne translucide et entièrement confite. Le fruit doit toujours être totalement immergé dans le sirop (pour ce faire, on le maintient avec une assiette et un poids). On jettera les fruits ou les zestes qui ne paraissent pas réagir au sucre comme il le faudrait.

1. Faire cuire les fruits entiers dans une quantité d'eau suffisante pour les recouvrir. Couper les agrumes (non traités de préférence) en quartiers, en enlevant le plus possible de membranes blanches. Porter les zestes à ébullition, jeter l'eau, puis faire cuire comme indiqué plus haut dans de l'eau propre.
2. Jeter 30 cl d'eau, puis ajouter 225 g de sucre ; faire fondre celui-ci, puis ajouter les fruits égouttés et faire cuire pendant 1 minute.
3. Laisser les fruits immergés dans le sucre pendant 3 jours.
4. Égoutter les fruits, ajouter 225 g de sucre au sirop, faire fondre et porter à ébullition. Verser le sirop sur les fruits. Laisser reposer pendant 24 heures.
5. Égoutter les fruits, ajouter 50 g de sucre au sirop, faire fondre et porter à ébullition. Verser le sirop sur les fruits. Laisser reposer pendant 24 heures.
6. Répéter l'opération à deux reprises, en 48 heures.
7. Le huitième jour, égoutter le sirop et ajouter 75 g de sucre. Faire bouillir le sirop et en napper les fruits. Laisser reposer pendant 4 jours.
8. Égoutter les fruits et les placer sur une grille, au-dessus d'un plat. Laisser sécher dans un lieu tiède pendant plusieurs heures. Emballer les fruits dans du papier sulfurisé jusqu'à emploi.

Pour obtenir des fruits candis, les plonger dans de l'eau bouillante puis les rouler dans le sucre et les faire sécher. Pour glacer des fruits, préparer un sirop avec 5 cl d'eau et 225 g de sucre. Plonger chaque fruit dans le sirop, puis faire sécher.

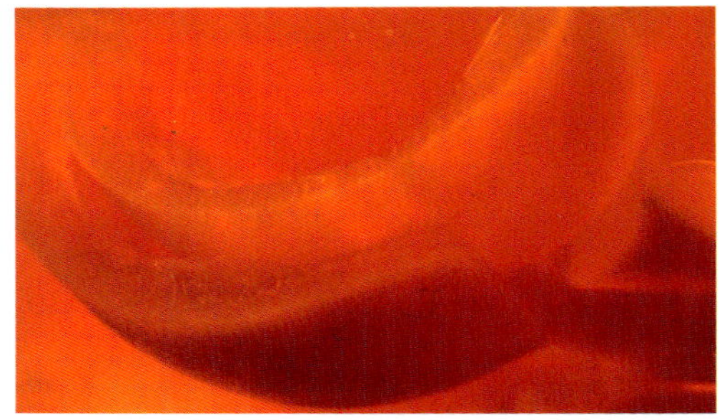

■ *Plongé dans du sirop de sucre, le zeste de pamplemousse se pare d'une riche couleur dorée (en haut).*

■ *Ces zestes confits, luxueusement emballés, représentent une excellente manière d'utiliser des produits qui sinon seraient perdus (ci-dessus).*

■ *Ces clémentines confites agrémentées d'un brin de myrte odorant sont joliment présentées dans des ballottins de carton (ci-contre).*

De nombreuses recettes de sucreries et de desserts à base de fruits secs et d'épices sont d'origine moyen-orientale. Les riches saveurs des amandes, des dattes et des abricots secs, par exemple, si évocatrices des jours de fête hivernaux, ont été adoptées en Europe dès le Moyen Age. Les confiseries préparées avec des ingrédients aussi délicieux font toujours les délices des petits et des grands, au moment de Noël en particulier. Pour peu qu'on se donne la peine de trouver de jolis paniers, de les garnir de papiers décoratifs et de les remplir de ces confiseries, on obtiendra des cadeaux touchants et exquis (ne pas oublier d'emballer chaque pièce séparément).

■ *Quel plaisir que de savourer au coin du feu un riche assortiment de pruneaux fourrés, de confiseries à l'abricot et de kumquats confits !*

## PRUNEAUX FOURRÉS

Pour que cette recette soit parfaitement réussie, il importe de choisir de très gros pruneaux.

*35 gros pruneaux d'Agen*
*Thé froid*
*2 cuillers à soupe d'armagnac ou d'eau-de-vie*
*Le zeste râpé d'une orange*
*Sirop de sucre (facultatif)*

Faire tremper les pruneaux toute une nuit dans du thé froid, puis les égoutter et les dénoyauter. Réserver 20 pruneaux, puis réduire les 15 autres en purée au robot ménager, avec 2 cuillerées d'armagnac ou d'eau-de-vie. Ajouter le zeste d'orange, mélanger le tout et garnir chaque pruneau d'un peu de cette préparation. Déposer chaque pruneau fourré dans une caissette, puis napper éventuellement les pruneaux de sirop de sucre.

## CONFISERIES AUX ABRICOTS

Ces confiseries qu'un enfant peut tout à fait préparer sont bien meilleures pour la santé que la plupart des sucreries.

250 g d'abricots secs, hachés
75 g de dattes sèches, hachées
75 g de raisins secs
75 g d'amandes pilées
50 g de zeste d'orange confit, haché menu
Le zeste râpé et le jus d'une orange
1 pincée de cannelle et de muscade

Dans un robot ménager, mélanger tous les ingrédients à l'exception du jus d'orange, puis ajouter une partie de celui-ci pour obtenir une pâte compacte. Étaler cette pâte sur un plat métallique peu profond garni de papier sulfurisé, puis laisser sécher toute une nuit. Couper en losanges et décorer d'un petit morceau de zeste confit (ou d'amande). On peut adapter cette recette en variant les proportions de fruits secs, ou en en utilisant d'autres (figues par exemple) ; on peut aussi aromatiser la préparation avec de l'eau de rose.

L'idée qui consiste à garnir un fruit sec d'une purée à base du même fruit (ou d'un autre) est fort ancienne. Ce type de recette, qui ne présente aucune difficulté de réalisation, permet une certaine créativité. Ainsi, les pâtes d'amandes, de pistaches ou de noisettes font d'excellentes garnitures pour les dattes, les pruneaux ou les abricots secs. De telles pâtes préparées à la maison sont généralement meilleures que celles du commerce, trop sucrées et aux parfums artificiels. Ces préparations se conservent fort bien pendant tout l'hiver.

Les pruneaux, trop souvent décriés et pourtant délicieux, illustrent bien le fait que la conservation de certaines denrées peut donner des produits totalement différents. Les enfants, qui ont toujours peine à croire que les pruneaux ne sont en fait que des prunes séchées, manifestent parfois une certaine aversion pour ces fruits, qui s'explique peut-être par les mauvais traitements que certains cuisiniers de collectivités leur font subir ! Pour donner leur pleine mesure, les pruneaux ont besoin d'être mariés avec des ingrédients aux saveurs riches, tels que l'armagnac. Il suffit de laisser macérer des pruneaux dans de l'armagnac ou de l'eau-de-vie ; le thé, lui, les fait gonfler de belle manière.

Les dattes se présentent sous des formes variées, sèches ou fraîches. Elles s'accommodent particulièrement bien de la compagnie des noix. Très riches en sucres naturels, elles redonnent instantanément de l'énergie aux affamés. Elles peuvent d'ailleurs remplacer le sucre dans maintes recettes. Les dattes fraîches sont délicieuses garnies de roquefort, à l'apéritif, ou au dessert fourrées à la crème fraîche.

Les abricots secs sont souvent meilleurs que les fruits frais (à moins que ceux-ci ne soient frais cueillis, bien mûrs et tièdes). On préférera les variétés de petite taille, de couleur orange foncé, à la saveur acidulée ; les gros abricots secs, pâles et insipides, paraissent malheureusement plus courants dans le commerce. La différence est encore plus éclatante lorsque l'on utilise des abricots secs dans des recettes qui exigent de les faire cuire.

Les fromages à pâte cuite, qui se présentent sous la forme de cylindres ou de roues, sont entourés d'une importante surface de croûte. A une époque où l'on avait plus que maintenant le goût de l'économie, on ne manquait pas d'utiliser ces croûtes et les fragments plus ou moins desséchés (les gros fromages n'étaient pas consommés instantanément, mais découpés au fur et à mesure des besoins) pour confectionner de délicieuses pâtes conservées dans de petits bocaux et utilisées au fil du temps. De telles pâtes peuvent se déguster en petites quantités, pour tartiner du pain ou des biscuits salés. Si l'on pilait jadis les restes de fromages à la main, on peut aujourd'hui remplacer le pilon et le mortier par un robot ménager, plus rapide et moins fatiguant.

Plusieurs recettes anciennes utilisent du porto, mais dans de telles préparations il sera avantageusement remplacé par du cognac ou du madère. Le gorgonzola, le roquefort et d'autres fromages bleus se marient bien avec le cognac ou l'armagnac.

## HISTOIRES DE CONSERVES

Les denrées conservées dans du beurre fondu étaient jadis fort appréciées, notamment lors des grands festins. On conservait ainsi des viandes, des crevettes, de la langue de bœuf, du fromage : additionnés de beurre, assaisonnés et épicés (avec du macis principalement), ces mets étaient ensuite recouverts de beurre clarifié. L'omble-chevalier conservé de cette manière était une spécialité de la région des lacs, dans le nord de l'Angleterre. Des plats en porcelaine spécialement décorés étaient confectionnées pour contenir ce délicieux poisson.

## TERRINE DE FROMAGES

Cette recette peut être préparée avec toutes sortes de fromages bleus (roquefort, bleu d'Auvergne ou de Bresse...). Si la crème de fromage doit être dégustée aussitôt, on la répartira simplement dans de petits pots. Pour la conserver plus longuement, la recouvrir de beurre clarifié.

350 g de roquefort, râpé ou émietté
75 g de beurre doux
1/2 cuiller à café de macis en poudre
1 pincée de piment de Cayenne
1 cuiller à soupe d'eau-de-vie

Dans une jatte ou dans le bol d'un robot ménager, battre le fromage et le beurre (celui-ci doit être à température ambiante), pour obtenir une préparation homogène, puis ajouter les épices. Ajouter l'alcool et continuer de battre pour bien mélanger les ingrédients. Goûter, ajuster l'assaisonnement si nécessaire. Presser dans de petits bocaux de céramique ou de verre à col large. Les saveurs se développeront en quelques heures. A déguster sur des crackers ou des biscuits d'avoine.

■ *Ces délicieuses terrines de fromage sont conservées sous une couche de beurre fondu dans de petits pots de céramique recouverts de papier sulfurisé.*

# LIQUEUR AUX CENT HERBES

Cette liqueur, inspirée d'une vieille recette italienne, ne contient évidemment pas cent herbes, mais elle est particulièrement aromatique. On peut varier les ingrédients en fonction des saisons. En été, le choix d'herbes et de fleurs fraîches sera plus étendu.

*60 cl de vodka*
*350 g de sucre en poudre*
*40 cl d'eau*
*1 clémentine ou 1 petite orange entière, soigneusement nettoyée*
*Le zeste d'un citron vert*
*2 bâtons de cannelle*
*6 graines de cardamome*
*1 gousse de vanille*
*4 baies de genièvre*
*1 pincée de safran*
*4 grains de café grillés*
*1 pincée de thé de Chine*
*4 clous de girofle*
*2 brins de romarin*
*2 feuilles de laurier*
*3 feuilles de citronnier ou d'oranger*
*1 cuiller à soupe de fleurs de citron vert séchées*
*1 cuiller à soupe de verveine citronnelle séchée*
*3 feuilles de sauge*
*2 brins de thym*

Mélanger tous les ingrédients secs à l'exception du sucre dans un grand bocal à col large, puis ajouter la vodka. S'efforcer de maintenir le zeste et les fruits submergés. Laisser infuser pendant environ 1 mois, puis filtrer et ajouter du sirop préparé avec le sucre fondu dans l'eau puis refroidi. Verser les ingrédients dans le bocal puis laisser reposer pendant 1 mois. Filtrer à l'aide d'une mousseline ou de filtres à café, mettre en bouteille et boucher.

■ *On amène à maturité la liqueur aux cent herbes dans un grand bocal de verre.*

C'est en Europe du Sud que l'on peut trouver maintes idées d'emploi de fruits secs, en association notamment avec des herbes aromatiques. Si l'on considère ces aromates comme des épices ou des assaisonnements, on peut alors sans problème combiner des feuilles de laurier avec des figues sèches. En la matière, il ne faut pas hésiter à s'écarter des sentiers battus.

L'ajout de graines de fenouil dans un gâteau de figues a pour effet de contrebalancer le goût parfois excessivement sucré des figues sèches : le résultat est propre à convertir les plus ardents contempteurs des figues. On peut aussi fendre et garnir des figues sèches de cerneaux de noix ou d'amandes, ou encore broyer ces figues au robot ménager avec d'autres fruits secs et des noix pilées, afin de confectionner de petits gâteaux ou confiseries rappelant le charozeth juif, que l'on parfumera avec de la cannelle ou du gingembre. On présentera les figues sèches et toutes préparations à base de figues sur des feuilles vertes, et ce, même en hiver. Les feuilles de laurier, d'un beau vert luisant, relèvent le brun un peu terne des figues.

Macérées dans de l'eau-de-vie (ou du jus d'orange), les figues séchées reprennent du volume. On peut alors les hacher et en garnir des glaces et autres desserts crémeux, pour obtenir un agréable contraste de consistances. Une crème glacée aux figues, additionnée d'un peu de cognac, fait un excellent dessert hivernal. Au XIXe siècle on parle dans certains livres de cuisine du « dessert d'Hérodote », à base de miel, de xérès et de figues sèches hachées, dont la cuisson se prolongeait pendant quatorze heures !

Pour réaliser un dessert plus en accord avec les goûts modernes, on peut préparer une compote de figues sèches pochées dans du thé ou de l'eau parfumée à la vanille, réfrigérée puis servie avec du yaourt ou de la crème fraîche. On peut aussi faire cuire les figues à feu doux dans du vin rouge, avec un brin de thym, du zeste d'orange et un peu de miel.

Les meilleures figues sèches proviennent habituellement de Turquie. Elles sont vendues en bloc compact dans un emballage de cellophane, ou en vrac – dans ce cas, elles sont saupoudrées de farine de riz afin que les fruits ne collent pas les uns aux autres.

■ *Noix et figues, feuilles de laurier et graines de fenouil combinent délicieusement leurs consistances et leurs saveurs.*

## GATEAU DE FIGUES

En principe, ce gâteau de figues provençal doit être empaqueté dans des feuilles de figuier ou de vigne fraîches, ce qui n'est possible que durant les mois d'été. En hiver, on garnira un moule rond de 20 cm de diamètre de papier sulfurisé, afin de faciliter le démoulage. Ce gâteau se présente en fait sous la forme de couches superposées de tranches de figues sèches, dont les graines de fenouil exaltent la saveur.

*1 kg de figues sèches*
*30 amandes non mondées*
*1 cuiller à dessert de graines de fenouil séchées*
*Feuilles de laurier*
*Miel liquide*

Trancher chaque figue en rondelles. Déposer ces rondelles en couche sur le fond du moule. Saupoudrer d'amandes et de quelques graines de fenouil ; ajouter une feuille de laurier. En procédant de la même manière, ajouter des couches successives jusqu'à ce que tous les ingrédients soient utilisés. Découper un rond de papier sulfurisé pour recouvrir le moule, puis poser une assiette et un poids sur le moule. Laisser reposer pendant plusieurs jours dans un endroit frais, puis ôter le poids et le papier et badigeonner le dessus du dessert de miel liquide.

# AU CŒUR DE L'HIVER

Le moment le plus marquant des mois d'hiver, à la cuisine et à l'office, était jadis l'arrivée des premiers cageots d'oranges et de citrons, qui apportaient couleurs et senteurs ensoleillées dans des maisons cruellement privées de lumière et de denrées fraîches. Habitués aujourd'hui à trouver des agrumes tout au long de l'année, nous ne remarquons pas toujours que les bigarades (oranges amères) ne garnissent nos étals que pendant quelques brèves semaines. Ce sont elles pourtant qu'il faut préférer pour la préparation de délicieuses marmelades. Autrefois, les seules oranges commercialisées en Europe présentaient une saveur aigre, une peau épaisse et amère. Les oranges amères (dites aussi oranges de Séville) que nous mettons en conserve sont les derniers vestiges de ce type de fruits. L'arrivée d'oranges plus sucrées, en provenance d'Orient tout d'abord, eu pour conséquence une diminution de la demande d'oranges amères. Toutes les recettes anciennes à base d'oranges amères employaient plutôt le zeste que la pulpe ou le jus des fruits. Le zeste confit des citrons et des oranges servait à parfumer des desserts ou constituait l'ingrédient principal de certaines confiseries. La « marmelada » (confiture de coings) portugaise devint notre marmelade, préparation de toutes sortes de fruits (et notamment d'agrumes) écrasés et cuits avec du sucre ou du sirop.

La marmelade d'oranges amères jouit actuellement d'un regain de popularité, sous l'influence anglo-saxonne sans doute. Dans de nombreuses familles où l'on achète la plupart de ses produits alimentaires dans le commerce, on aime cependant préparer chaque année des pots de délicieuse marmelade.

## MARMELADES D'ORANGES A L'ANCIENNE

L'originalité de cette recette réside dans le fait que les fruits sont tout d'abord cuits entiers – ce qui les rend plus faciles à couper. La saveur n'en demeure pas moins excellente. Couper le zeste d'orange. Pour obtenir une marmelade de couleur plus foncée et à la saveur plus riche, ajouter 2 cuillers à soupe de mélasse avec le sucre.

*1,5 kg de bigarades (oranges amères)*
*3 l d'eau*
*3 kg de sucre semoule*
*Le jus de 2 citrons*

Nettoyer soigneusement les oranges. Les déposer dans une grande cocotte, avec 2,5 l d'eau. Porter à ébullition, couvrir et laisser mijoter pendant environ 1 h 30, ou jusqu'à ce que les oranges soient bien ramollies. Réserver l'eau. Laisser les oranges refroidir, puis les couper en deux ; les vider de leur pulpe et de leurs pépins, dans une petite casserole. Ajouter le demi litre d'eau restant et faire mijoter pendant 10 minutes pour extraire toute la pectine. Couper tous les zestes et remettre le tout dans la cocotte. Ajouter le sucre, le jus de citron et le jus filtré de la pulpe. Faire fondre le sucre à feu doux, puis porter rapidement à ébullition et laisser bouillir jusqu'à ce que la préparation prenne (environ 15 minutes). Laisser refroidir pendant environ 15 minutes, puis verser dans des bocaux propres et tiédis. Couvrir aussitôt de ronds de papier sulfurisé, puis fermer hermétiquement (avec des élastiques) lorsque la marmelade est froide.

■ *Ces rangées de bocaux de marmelade maison portent la promesse d'une excellente année à venir !*

## CONFITURE D'ORANGES SANGUINES

Cette confiture très riche et sucrée se déguste au dessert, avec de la crème fraîche ou du fromage blanc. Les rondelles d'orange sont en suspension dans un somptueux sirop écarlate.

*6 oranges sanguines*
*700 g de sucre à confitures*
*15 cl d'eau-de-vie*

Laver soigneusement les oranges, puis les couper en rondelles ; jeter les extrémités dépourvues de pulpe. Disposer les rondelles dans un plat peu profond, les recouvrir de sucre et laisser reposer pendant toute une nuit. Dans une grande poêle, porter à ébullition les rondelles d'orange et le sirop puis laisser mijoter jusqu'à ce que les rondelles soient tendres et translucides. Ajouter l'eau-de-vie, remuer avec précaution puis, hors du feu, répartir les oranges et le sirop dans des bocaux à large col. Fermer hermétiquement avant que la confiture n'ait refroidi.

■ *Les rondelles d'orange sanguine, juteuses à souhait (double page suivante) sont parfaitement mises en valeur dans ce bocal de verre empli d'un riche sirop (ci-dessus).*

## NOURRIR LES OISEAUX

Le jardin peut permettre aux oiseaux d'y trouver de quoi se nourrir. Les fruits mûrs qui tombent des arbres feront leurs délices. Certaines pommes, qui mûrissent très tardivement, sont excellentes pour les oiseaux, qui sauront les apprécier lorsque reviennent les froidures. En laissant les chardons fleurir et en évitant de couper les fleurs desséchées, on permet aux chardonnerets, aux pinsons et autres bouvreuils de ne pas manquer de nourriture. Les buissons de cotonéaster et de pyracantha (buisson ardent) conservent longtemps leurs baies, que les oiseaux dévorent à la fin de l'hiver, après que les denrées plus périssables ont disparu. De nombreux petits oiseaux se nourrissent de larves et d'insectes présents en hiver dans l'écorce des arbres, aussi convient-il de ne pas employer trop de pesticides et de ne pas trop se hâter de couper les branches vieilles ou mortes.

A mesure que les milieux véritablement sauvages se font plus rares et que les terres agricoles sont mieux gérées, les jardins jouent un rôle plus important pour la survie de nombreuses espèces d'oiseaux. Il y a des siècles, nombre de ces espèces passaient l'hiver en se nourrissant aux abords des fermes et dans les champs (la provende était plus riche, c'était le temps de la polyculture et les machines agricoles n'étaient pas aussi perfectionnées qu'aujourd'hui ; les grains et d'autres aliments restaient à l'abandon dans les cours et dans les haies, des mois après les moissons et les récoltes). Aujourd'hui le grain est rapidement entreposé dans de vastes silos, à l'abri des nuisibles. Les champs sont labourés aussitôt après la récolte, ce qui empêche les petits mammifères et les oiseaux de se repaître des glanures. Les espèces qui vivaient jadis dans les haies – celles-ci ont été supprimés par les remembrements – sont repoussées vers les banlieues et les villages, où ils escomptent que les hommes leur fourniront leur nourriture.

En plantant des arbres fruitiers, des plantes et des buissons porteurs de baies et de graines, nous pouvons assurer la survie de maintes espèces d'oiseaux et de petits mammifères. Notre façon de considérer les visiteurs tels que les oiseaux et les souris, qui viennent en hiver partager nos jardins, sinon nos habitations, est certainement différente de celle qui prévalait au Moyen Age : on jugeait alors que ces animaux faisaient peser une menace sur les stocks de denrées. Le chat jouait un rôle essentiel pour lutter contre ces envahisseurs, et des mesures élaborées s'avéraient nécessaires pour préserver les grains, les fruits, les viandes et les légumes qui permettaient à la maisonnée de passer l'hiver. Les greniers étaient conçus de manière que les rats ne puissent y accéder, la farine était stockée dans de grands coffres de bois ; les jambons, saucisses et autres viandes étaient enveloppés dans de la mousseline enrobée de lait de chaux et suspendus dans les cheminées, cependant que les denrées périssables (pièces de gibier, fromages) étaient mises à l'abri dans des garde-manger grillagés. Les liquides et les aliments moelleux étaient conservés dans des pots de terre cuite souvent posés sur de petits cylindres cintrés en céramique ou en bois, afin d'empêcher les souris de se hisser jusqu'au goulot.

Les petits oiseaux sont généralement considérés comme bénéfiques dans les jardins, même s'il est vrai que les volées de moineaux et de pinsons effectuaient jadis de véritables razzias. Selon la tradition, on suspendait des demi-noix de coco et des morceaux de gras aux abords des maisons pour attirer et nourrir les oiseaux. A cela, on ajoute souvent aujourd'hui des cacahuètes, des graines et des pains d'aliments spéciaux. Plutôt que de jeter aux oiseaux les grosses croûtes de pain, qui ont pour effet d'attirer les rats, mieux vaut suspendre des aliments divers, qui les occuperont et surtout les nourriront – certains oiseaux préfèrent les grains, d'autres sont omnivores ; les plus farouches recueillent les miettes que les autres laissent tomber au sol.

# BOULETTES POUR OISEAUX

Cette recette se prête à des variantes infinies, selon les ingrédients disponibles et les espèces d'oiseaux que l'on souhaite nourrir. La graisse joue ici un rôle de lien entre les autres ingrédients mais aussi de réserve énergétique, essentielle par temps froid (les oiseaux ne disposent alors que de courtes journées pour subvenir à leurs importants besoins et emmagasiner les aliments qui leur permettront de supporter des nuits longues et glaciales). On peut ajouter aux ingrédients secs de la graisse de rognon râpée. La pâte obtenue sera moulée en forme de disques ou façonnée en boulettes, que l'on suspendra dans du grillage à un arbre ou à une mangeoire.

*1 mesure de végétaline (250 g par exemple)*
*1 mesure de flocons d'avoine*
*1 mesure de noix hachées*
*1 mesure de flocons de maïs*
*1 mesure de blé égrugé*
*1 mesure de graines mélangées pour oiseaux*
*1 mesure de raisins de treille, hachées ou*
*6 mesures de mélange de graines pour oiseaux*

Dans une grande casserole, faire fondre la végétaline à feu doux. Dans une grande jatte, verser la graisse sur les ingrédients secs. Mélanger soigneusement. La quantité de graisse dépend des ingrédients secs utilisés : en ajouter suffisamment pour obtenir une préparation qui ne se délite pas lorsque la graisse refroidit. Avec les mains humectées, façonner la préparation en petits pains ou en boulettes, ou la placer dans des moules peu profonds. Laisser raffermir en un lieu froid.

■ *Mieux vaut s'installer dans un endroit qui ne craint pas d'être sali pour préparer la nourriture destinée aux oiseaux du voisinage. On fera chauffer la graisse dans la cuisine, avant d'effectuer la préparation dans une remise ou sous un appentis.*

Le cœur de l'hiver peut sembler n'être pas le meilleur moment pour préparer des lotions aux herbes aromatiques, et pourtant ce genre d'activité paisible et agréable est tout indiqué lorsque les tâches de plein air sont achevées. Les délicieuses senteurs rappellent alors l'été. Les huiles essentielles, disponibles à toute période de l'année, peuvent servir de base à l'élaboration de parfums et d'eaux de toilette qui feront de merveilleux cadeaux.

Certaines herbes persistantes sont aussi abondantes en hiver qu'en été ; si leur parfum est moins fort qu'à la belle saison, elles conviennent encore à la réalisation de recettes telles que celles de lotions capillaires au romarin. Ces recettes nécessitent l'emploi d'eau : à moins que celle du robinet ne soit d'excellente qualité, mieux vaut utiliser de l'eau de source ou de l'eau minérale. Les anciennes recettes de parfums faisaient fréquemment appel à l'esprit-de-vin ; on peut aujourd'hui employer tout alcool fort non parfumé (vodka par exemple).

## LOTION CAPILLAIRE AU ROMARIN

Le romarin est depuis toujours associé aux soins des cheveux et du cuir chevelu, qu'il est réputé fortifier (il embellit particulièrement les cheveux bruns). L'essence de romarin exercerait une action stimulante sur le cerveau, et favoriserait ainsi la mémoire. En outre, elle combattrait la fatigue, serait bénéfique pour la digestion et soulagerait les migraines. Dans cette recette, le romarin simplement employé en infusion entre dans la composition d'une lotion capillaire à utiliser après le shampooing – sa légère acidité contrebalance l'effet des éventuels résidus alcalins du shampooing.

*1 botte de romarin frais (une dizaine de brins)*
*2 l d'eau de source*
*15 cl de vinaigre de cidre*
*6 gouttes d'essence de romarin*

Dans une grande jatte, verser l'eau bouillante sur les brins de romarin brisés en petits fragments. Laisser infuser pendant 4 heures. Filtrer, puis ajouter le vinaigre et les 6 gouttes d'huile essentielle. Mélanger très soigneusement, puis verser dans des fioles et boucher. Pour les cheveux blonds, on remplacera le romarin frais par 50 g de fleurs de camomille séchées ; l'essence de romarin pourra être remplacée par de l'essence de citron.

■ *Un brin de romarin pour une lotion capillaire tonifiante (ci-contre, en haut).*

■ *En hiver, la cuisine est le lieu privilégié pour préparer lotions et potions. Le matériel nécessaire est simple : source de chaleur, évier, entonnoirs, passoires, fioles et verres mesureurs (ci-contre, en bas).*

■ *L'eau de Cologne et ses variantes sont beaucoup plus simples à élaborer qu'on ne le croit généralement (ci-dessus, à droite).*

## EAU DE COLOGNE

Cette lotion à l'ancienne rappelle le temps des mouchoirs parfumés. Cette version maison est légère et rafraîchissante. L'essence de néroli, ingrédient de la recette originelle trop coûteux aujourd'hui, est ici remplacée par d'autres huiles essentielles.

*30 cl de vodka*
*10 gouttes de ces huiles essentielles :*
*citron, bergamote, géranium rosat*
*6 gouttes de ces huiles essentielles :*
*romarin, orange*
*6 graines de cardamome*
*8 cl d'eau de source*

Verser la vodka dans une bouteille, ajouter les essences et les graines de cardamome. Secouer vigoureusement, boucher et laisser reposer 48 heures. Ajouter l'eau et secouer de nouveau. Boucher la bouteille et laisser reposer pendant au moins une semaine. Filtrer (avec un filtre à café) et verser dans une ou plusieurs fioles.

## BISCUITS AUX AMANDES

Très simples à réaliser, ces excellents gâteaux secs se conservent fort bien dans une boîte métallique hermétique. Particulièrement savou-reux lorsqu'ils sont un peu tendres au centre, ils seront plus jolis s'ils sont moins gros que les macarons du commerce.

*2 blancs d'œufs*
*100 g d'amandes pilées*
*100 g de sucre en poudre*
*1 ou 2 gouttes d'extrait d'amandes*
*Demi-amandes*

Tapisser une plaque à pâtisserie de papier sulfurisé. Battre les blancs d'œufs en neige, puis incorporer les amandes pilées, le sucre et l'extrait d'amandes. Déposer de petites cuillerées de pâte bien espacées sur la plaque, puis décorer chaque rond de pâte d'une demi-amande. Faire cuire pendant environ 12 minutes au four à 180 °C, jusqu'à ce que les biscuits soient légèrement dorés. Laisser refroidir sur une grille.

■ *Ces petits macarons à l'ancienne sont délicats et savoureux.*

## CANTUCCI

Ces petits bisuits aux amandes proviennent du nord de l'Italie, où on les déguste au dessert trempés dans du vin doux, le *vin santu*. Ils se conservent très bien... si on est capable de résister à la tentation !

100 g d'amande non mondées
225 g de farine
80 g de sucre en poudre
1 cuiller à café de bicarbonate de soude
2 œufs battus
1 blanc d'œuf
1/2 cuiller à café d'extrait de vanille
1 pincée de sel

Préchauffer le four à 190 °C. Étaler les amandes sur un plaque à pâtisserie, puis les faire griller au four pendant environ 10 minutes. Laisser refroidir, puis hacher grossièrement la moitié des amandes. Moudre le reste au robot ménager. Dans une grande jatte, mélanger la farine, le sel, le sucre, le bicarbonate de soude et les noix pulvérisées. Ajouter les œufs et mélanger pour obtenir une pâte grumeleuse. Incorporer les amandes hachées et la vanille. Sur un plan de travail, diviser la pâte en trois parties égales. Façonner la pâte en trois rouleaux de 2 ou 3 cm d'épaisseur. Déposer ces rouleaux sur une plaque à pâtisserie graissée, en les espaçant soigneusement, puis badigeonner le dessus de blanc d'œuf légèrement battu. Faire cuire au four pendant environ 20 minutes. Hors du four, couper les rouleaux en oblique, en rondelles de 1 cm de large. Abaisser la température du four à 140 °C, puis remettre les rondelles sur la plaque. Faire cuire de nouveau pendant environ 20 minutes. Laisser refroidir sur une grille, puis conserver dans un récipient hermétique.

■ *Derrière leur paroi de verre, ces sablés, crackers et cantucci sont fort tentants !*

## BISCUITS AUX FLOCONS D'AVOINE

La farine complète et les flocons d'avoine confèrent une bonne saveur de noix à ces sablés qui se conservent fort bien.

*100 g de farine complète*
*100 g de flocons d'avoine*
*10 g de sucre roux*
*1/2 cuiller à café de bicarbonate de soude*
*75 g de beurre*
*1 trait de jus de citron*
*1 à 2 cl de lait*
*1 pincée de sel*

Mélanger la farine, les flocons d'avoine, le bicarbonate de soude, le sucre, le sel et le jus de citron. Incorporer le beurre du bout des doigts, pour obtenir une préparation grumeleuse. Ajouter le lait, puis mélanger avec une fourchette en une pâte facile à travailler. Sur un plan de travail fariné, rouler la pâte en une abaisse de 3 mm d'épaisseur. Découper des ronds à l'emporte-pièce ; en percer la surface avec une fourchette. Les faire cuire au four préchauffé à 180 °C, pendant environ 15 minutes.

## CRACKERS

Ces biscuits d'une grande simplicité, très croustillants mais d'une saveur assez neutre, se dégustent avec des fromages à pâte crémeuse. Une partie de leur charme réside dans leurs bulles.

*225 g de farine*
*25 g de beurre*
*1 pincée de sel*
*15 cl de lait chaud*

Dans une grande jatte, incorporer le beurre à la farine et au sel. Verser lentement le lait chaud, tout en remuant pour obtenir une pâte ferme et lisse. Sur un plan de travail, pétrir soigneusement la pâte. La couper en six tronçons, puis rouler chacun d'eux en très fines abaisses. Découper des ronds de pâte de 4 cm de diamètre, puis les déposer sur une plaque à pâtisserie graissée. Faire cuire au four à 220 °C pendant 5 minutes, jusqu'à ce que les crackers soient gonflés et légèrement dorés par endroits. Laisser refroidir sur une grille, puis conserver dans un récipient hermétique.

# A LA FIN DE L'HIVER

Les citronniers sont des arbres méditerranéens que l'on trouve surtout en Italie et en Espagne. Ces arbres aux feuilles persistantes d'un beau vert portent des boutons odorants d'un blanc cireux, qui s'épanouissent à côté des fruits jaunes mûrissants – la récolte des citrons se fait à la fin de l'hiver et au début du printemps. Les cuisiniers n'imaginent pas un monde culinaire dépourvu de la saveur acidulée des citrons frais, que l'on trouve désormais tout au long de l'année et que l'on emploie dans maintes recettes. Jadis, il n'existait pas de moyen pleinement satisfaisant de conserver le jus frais, mais on le mettait parfois en bouteille, recouvert d'une fine couche d'huile d'amandes. Mélangé à du rhum, ce jus était donné aux marins pour éviter qu'ils ne soient victimes du scorbut après des jours de régime sec et salé.

Sous les climats tropicaux, les citrons verts remplacent les citrons dans de nombreuses recettes : leur saveur très particulière est encore plus acide mais leur arôme plus prononcé donne un goût exotique irremplaçable.

## CRÈME DE CITRON VERT

Cette pâte se prépare exactement comme la crème de citron. Il faut veiller à ne pas râper la membrane amère avec le zeste.

*4 citrons verts*
*175 g de sucre en poudre*
*4 œufs*
*100 g de beurre doux*

Nettoyer soigneusement les citrons verts en frottant, puis râper le zeste de 2 citrons et presser les 4 fruits. Fouetter les œufs et le sucre, puis ajouter le jus et le zeste. Faites chauffer au bain-marie, en ajoutant le beurre coupé en petits dés. Faire cuire à feu doux, en remuant fréquemment, jusqu'à ce que la pâte épaississe (ce qui peut prendre jusqu'à 30 minutes). Conserver au frais dans des pots stérilisés.

■ *La crème de citron vert est délicieuse sur une tartine de bon pain beurré. Le plus simple est d'éplucher le zeste en un ruban unique (ci-dessus).*

## MARMELADE DE CITRONS

Cette marmelade est plus subtile que les marmelades d'oranges amères.

*1,5 kg de citrons*
*3,5 l d'eau*
*1,5 kg de sucre à confiture*

Débiter les zestes des citrons nettoyés, en petits morceaux, puis faire mijoter dans la moitié de l'eau pendant 2 heures, dans une casserole couverte. Hacher grossièrement les fruits, puis les faire mijoter dans l'autre moitié de l'eau pendant 1 h 30, dans une casserole couverte. Passer cette pulpe au chinois, puis ajouter aux zestes. Porter à ébullition et faire cuire environ 10 minutes, puis ajouter le sucre et remuer jusqu'à ce que celui-ci soit fondu. Porter rapidement à ébullition ; quand la marmelade est prise, verser dans des bocaux.

■ *Cette marmelade de citrons est délicieuse au petit déjeuner.*

Le verre est depuis des siècles employé de mille manières dans les maisons ; aujourd'hui comme hier, il doit faire l'objet de soins particuliers pour conserver toutes les qualités qui font la valeur de ce matériau. Nous avons tous l'habitude d'empiler les verres de cuisine dans l'évier ou le lave-vaisselle, mais les verres de cristal nécessitent toujours un maniement prudent et un nettoyage soigneux si l'on veut éviter qu'ils ne se ternissent. Avant l'invention des détergents modernes, les maîtresses de maison et les gens qui avaient pour mission de s'occuper des beaux verres, décanteurs, plats à dessert, vases et fenêtres possédaient toutes sortes de recettes pour préserver tout l'éclat du verre. Nombre des méthodes anciennes sont demeurées excellentes – le plus souvent, nous ignorons simplement qu'elles existent, et n'avons jamais appris à les utiliser.

La meilleure façon de nettoyer les vitres consiste à employer une peau de chamois essorée après avoir été immergée dans de l'eau tiède additionnée d'une cuillerée de vinaigre. Les vases et décanteurs qui présentent certains recoins inaccessibles aux brosses et aux doigts peuvent être plongés dans un mélange de coquilles d'œufs dissoutes dans du jus de citron pendant 48 heures. Une autre méthode pour faire disparaître les taches des objets en verre consiste à déposer quelques dés de pomme de terre crue à l'intérieur et de les faire tournoyer contre les parois avec un peu d'eau froide.

■ *La pomme de terre nettoie comme par magie les verres tachés (ci-dessus).*

■ *Des coquilles d'œufs dissoutes dans du jus de citron donnent un liquide laiteux qui nettoie à la perfection les décanteurs et autres récipients de verre ternis (ci-contre).*

## CIRAGE A CHAUSSURES

Il faut user de la plus grande prudence lorsque l'on fait fondre la cire dans la térébenthine, car ces substances sont très inflammables. Conserver ce cirage dans une bouteille hermétiquement bouchée, que l'on agitera énergiquement avant emploi. Ce cirage est très économique à l'usage.

*75 g de cire d'abeille*
*25 g de cire d'abeille blanche*
*60 cl d'essence de térébenthine*
*60 cl d'eau bouillante*
*25 g de savon en paillettes*

Au bain-marie, faire fondre les cires dans la térébenthine. Ajouter les paillettes de savon dans l'eau bouillante et remuer jusqu'à ce qu'elles soient dissoutes. Laisser refroidir, puis ajouter le mélange savonneux à la cire fondue et remuer rapidement pour obtenir une émulsion. Verser dans des bouteilles et veiller à boucher hermétiquement.

■ *Il est nécessaire de protéger les patins à glace des agressions de l'eau(ci-dessus).*

Le cuir était autrefois un matériau très important dans les maisons et les fermes. Lorsque le cheval était encore le principal moyen de transport, selliers et bourreliers étaient présents dans tous les villages. Pour que le cuir conserve sa souplesse et sa résistance à l'eau, toutes sortes de cirages et produits nettoyants étaient nécessaires. Une partie de cette tradition s'est maintenue chez les adeptes de l'équitation, mais il en va différemment chez les autres. Il est rare que nous protégions nos bottes en les enduisant d'un mélange de cire et de suif de mouton, ou que nous fassions étinceler nos chaussures marron avec la partie interne d'une peau de banane, mais il est intéressant de noter que le cuir verni se trouve fort bien d'être traité avec un cirage fait d'une dose d'huile de lin pour deux doses de crème.

Les cuirs modernes sont conçus afin de ne nécessiter que de rares traitements avec des crèmes au silicone ou des cirages en spray, mais il vaut mieux éviter d'appliquer de tels produits sur les vieux cuirs de qualité, qui ont besoin de soins attentifs. Les anciennes cires et cirages destinés à entretenir le cuir, tout comme le bois ou le métal, s'employaient avec parcimonie, mais exigeaient l'emploi généreux « d'huile de coude ». Nous avons aujourd'hui tendance à préférer l'éclat instantané jailli d'un flacon, mais rien ne remplace la satisfaction éprouvée lorsque par ses efforts l'on redonne tout son lustre à une belle paire de chaussures, à un vieux livre à reliure de cuir ou à une antique valise.

Nombre des vieilles recettes de cirages font appel à un mélange de térébenthine et d'huiles ou de cires, mais il est aujourd'hui difficile, voire impossible, de se procurer certains des ingrédients anciennement employés. Une façon de rendre étanche le cuir consistait à l'enduire d'une préparation contenant de la poix de Bourgogne, de l'huile de lin, de l'essence de térébenthine et de la cire jaune : efficace certainement, mais sans doute peu agréable à l'odorat. Une bonne recette moderne de cirage à chaussures fait appel à la cire d'abeille et à la térébenthine (toujours pure) ; ces ingrédients assez liquides sont d'un emploi aisé, notamment pour le traitement des détails et des objets de petite taille. L'ajout d'eau et d'un peu de savon permet d'obtenir une émulsion crémeuse.

■ *Ces vieux cuirs luisent avec tout l'éclat des objets aimés et bien entretenus (ci-contre).*

W. P. M. N

Les truffes constituent un mets très rare et recherché, que l'on n'a pas souvent l'occasion de savourer. Tout juste déterrées, encore souillées de terre, elles ressemblent à de petites pommes de terre ou cailloux noirs. On peut alors pleinement apprécier leur arôme si particulier et s'efforcer de percer le mystère qui les entoure. Une partie de leur étrangeté est due au fait que ces tubercules de champignons n'apparaissent jamais à la surface du sol, et qu'elles sont donc très difficiles à récolter. Les truffes noires (*Tuber melanosporum*), qui ont fait la réputation du Périgord, se trouvent le plus souvent dans les chênaies. Les truffes blanches (*Tuber magnatum*), ou truffes du Piémont, sont utilisées assez différemment des premières.

Il existe une variété anglaise de truffe (*Tuber aestivum*), qui ne se trouve que très localement dans des bois de hêtres, mais les Anglais n'ont jamais su exploiter ce mets ou se doter d'une tradition comparable à celle dont s'enorgueillit la France. Jadis, seule la nature était capable de faire ce qu'il fallait pour que des truffes se dissimulent sous des chênes. On sait aujourd'hui aider quelque peu le hasard, en plantant de jeunes chênes dans des sites appropriés ; la quête devient un peu moins hasardeuse. Les truffes ne seront sans doute jamais cultivées comme d'autres denrées, mais on les trouve maintenant dans des plantations créées tout spécialement à cet effet, plutôt que dans les chênaies sauvages.

Les truffes noires diffèrent de nombreux autres champignons en cela qu'elles apparaissent à la fin de l'hiver et non dans la tiédeur humide du début de l'automne. Elles ont besoin d'une combinaison précise de pluie et d'autres circonstances pour se développer en nombre, aussi est-il souvent impossible de savoir si la récolte sera ou non fructueuse. Chaque année, la fièvre monte dans les villages et sur les marchés des régions truffières, cependant qu'à Paris les grands cuisiniers se tiennent prêts à recevoir les truffes les plus grosses et les plus délicieuses de l'année.

Pour la plupart des non-connaisseurs, l'expérience des truffes se limite à celle de petits points noirs dans certains pâtés, ou de copeaux en conserve, qui ont perdu une grande partie de leur subtile saveur et de leur enthousiasmante senteur. Lorsque l'on a la chance de disposer d'une truffe fraîche entière, il faut l'utiliser d'une façon simple, qui permette de la savourer pleinement. Comme la plupart des champignons, les truffes sont délicieuses avec les œufs, le riz et le poulet.

La merveilleuse faculté qu'ont les truffes de communiquer leur saveur et leur senteur aux denrées qu'elles accompagnent peut être exploitée avec bonheur. La tradition veut que l'on place ne serait-ce que brièvement une truffe fraîche dans un bol couvert (ou un bocal) avec des œufs frais. Ceux-ci feront ensuite de délicieuses omelettes, ou des œufs brouillés tout aussi délectables. Plongée dans un bocal de riz, une truffe conférera de même sa merveilleuse saveur aux grains avec lesquels on préparera ensuite un risotto, ou que l'on servira en accompagnement de viandes et volailles. Les petites truffes (ou des fragments) peuvent être immergées dans de l'eau-de-vie et conservées dans une petite fiole : ce délicieux liquide parfumera délicieusement soupes et sauces. On peut aussi râper des truffes crues sur des plats de pâtes et d'œufs, un grand classique.

## LA CHASSE AUX TRUFFES

L'odorat n'étant pas assez sensible chez l'homme pour lui permettre de détecter les truffes (parfois cachées à trente centimètres sous terre), les humains confient depuis des siècles cette tâche à des animaux. En France et en Italie, on utilise désormais plus souvent des chiens que des porcs truffiers, car il est plus facile de les dissuader par le dressage de les avaler. La saison des truffes est fort brève : en règle générale, elle ne dure guère plus de deux mois.

## RISOTTO AUX TRUFFES

Le risotto est souvent servi avec des copeaux de truffe blanche, mais le riz préparé à l'italienne peut aussi être parfumé à la truffe noire. Ne pas utiliser de parmesan, qui en masquerait la saveur.

*75 g de beurre doux*
*1 petit oignon doux, haché menu*
*225 g de riz italien, parfumé par une truffe noire*
*15 cl de vin blanc sec*
*50 cl de bouillon de volaille*
*Sel et poivre*

Faire fondre la moitié du beurre à feu doux. Faire revenir l'oignon. Ajouter le riz et remuer jusqu'à ce qu'il soit translucide. Verser le vin puis, lorsque celui-ci est absorbé, verser progressivement le bouillon, en remuant jusqu'à ce qu'il soit absorbé (20 minutes environ). Ajouter le reste du beurre, assaisonner et servir aussitôt. Si l'on dispose de truffes fraîches, en ajouter de petits morceaux à mi-cuisson. Le risotto doit être assez liquide et crémeux.

■ *Le riz blanc absorbe avec bonheur la saveur mystérieuse des truffes noires.*

## ŒUFS BROUILLÉS AUX TRUFFES

Cette recette classique est d'une riche simplicité. Servir avec de petits toasts beurrés coupés en triangle ou du pain bien croustillant, qui formera un agréable contraste avec le caractère crémeux du plat. Les quantités indiquées conviennent pour une personne.

*2 œufs ayant été conservés*
*avec une truffe fraîche, battus*
*Beurre doux*
*1 cuiller à dessert de crème fraîche pour 2 œufs*
*Truffe fraîche (facultatif)*
*Sel et poivre*

Si l'on emploie de la truffe fraîche, la débiter en fines tranches et laisser reposer celles-ci un petit moment dans l'œuf battu. Faire mousser du beurre dans une petite poêle à fond épais, puis ajouter les œufs et les faire cuire en remuant. Avant que ceux-ci ne soient trop secs, ajouter la crème, remuer de nouveau et servir aussitôt.

■ *Avant de donner leur pleine mesure, les truffes peuvent servir à parfumer toutes sortes de denrées.*

L'importance des herbes et des fleurs pour parfumer les maisons et les protéger contre les insectes n'a jamais été aussi grande qu'au Moyen Age. On connaissait alors fort bien les propriétés des différents plantes, et on cultivait dans les jardins non seulement des variétés locales mais aussi des végétaux venus de pays parfois très lointains.

*Ton souffle est plus doux que mélisse, sucre ou réglisse*
*Et tu es plus douce que giroflée*
*Ou que graines de lavande répandues dans un coffre...*

Ce poème de la fin du XIVe siècle compare une jeune femme aux herbes aromatiques que l'on plaçait fréquemment parmi le linge, dans les coffres et autres (rares) meubles des maisons médiévales. Les senteurs les plus suaves jouaient un rôle essentiel à une époque marquée par la peste, l'insuffisance des installations sanitaires et l'absence d'eau courante ; par ailleurs, certaines herbes étaient employées pour leur action insecticide. La tanaisie et la citronnelle, à l'odeur forte et acide, s'utilisaient fraîches ou séchées pour repousser les mites friandes de laine. Elles étaient souvent mélangées à de la lavande, herbe de la lingerie par excellence – on sait combien elle rafraîchit le linge destiné à rester longtemps dans les placards. Par beau temps, on étendait les draps et les vêtements sur des buissons de lavande : tout en séchant au soleil, ils absorbaient une partie des huiles essentielles de la plante. Dans certaines régions, cette pratique s'est poursuivie jusqu'à une époque très récente. C'est pourquoi on voit parfois encore des buissons de lavande au long des allées menant aux portes des cuisines et des buanderies.

Des sachets emplis d'herbes et de poudres aromatiques, très simples à réaliser, parfument délicieusement les vêtements, placards et penderies. Les herbes et fleurs fraîches sont nettement supérieures à toutes les préparations chimiques, aussi faut-il veiller à ne pas employer trop de détergents parfumés, dont l'odeur s'opposerait à celle des sachets aromatiques. Les petits sacs remplis de lavande et d'autres herbes que l'on trouve dans le commerce sont souvent d'une taille beaucoup trop réduite pour des tiroirs pleins de vêtements, où ils s'égarent facilement. Mieux vaut préparer soi-même des sachets plus généreux, quitte à les garnir en partie de kapok ou de coton. Il est plus facile de glisser ces grands sachets dans des piles de draps, par exemple, et l'effet n'en sera que meilleur.

■ *Un amusant tissu imprimé convient parfaitement à la confection de sachets parfumés.*

## SACHETS PARFUMÉS

Les herbes séchées pourront être récoltées au jardin ou achetées chez un herboriste. Pour obtenir les senteurs voulues, il ne faut pas hésiter à réaliser toutes sortes d'expériences, en variant les quantités ainsi que les proportions.

*1 mesure de thym séché*
*1 mesure de romarin séché*
*1 mesure de tanaisie séchée*
*1 mesure de citronnelle séchée*
*3 mesures de fleurs de lavande séchées*
*1 mesure de pétales de rose séchés*
*1 mesure de bâtons de cannelle brisés*
*1/2 mesure de clous de girofle pilés*
*1/2 mesure de poudre de racine d'iris*

Mélanger les feuilles, herbes et pétales dans une grande jatte ; déchiqueter les grosses tiges et brindilles. Ajouter les épices et la poudre d'iris. Mélanger soigneusement (la poudre d'iris joue un rôle fixatif). Répartir dans des sachets de batiste ou de mousseline (si l'on emploie des poudres, le tissu doit présenter une trame serrée). Pour confectionner un sachet carré ou rectangulaire, il suffit de placer deux pièces de tissu endroit sur endroit et de les coudre sur trois côtés. Retourner le sachet et le remplir d'herbes, puis coudre le dernier côté à la main.

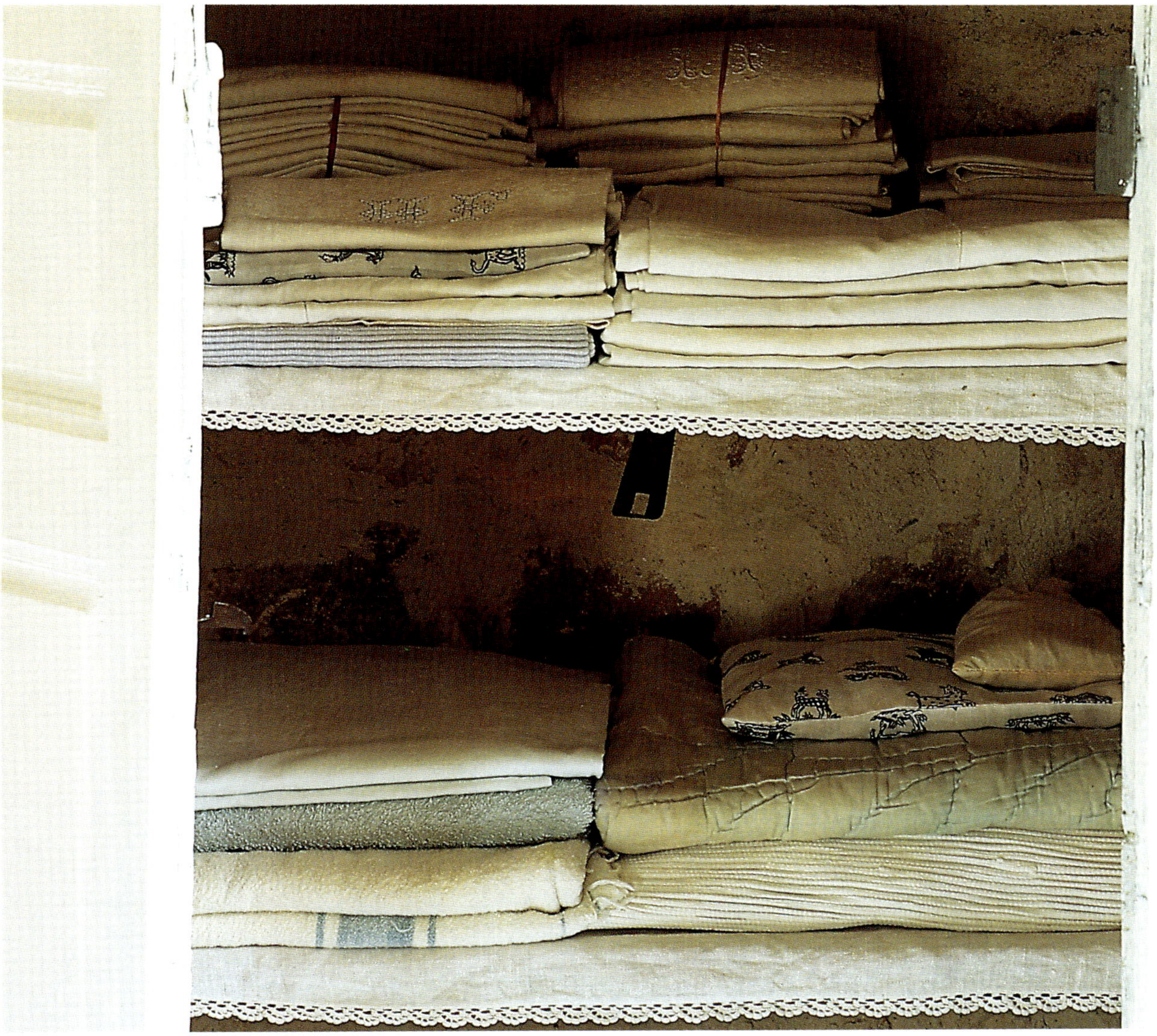

Il n'est pas nécessaire de fabriquer un sachet qui puisse s'ouvrir pour changer ou rafraîchir les herbes aromatiques, car il est très rapide de découdre ce dernier côté. En cas de difficulté pour se procurer les ingrédients secs voulus, on peut garnir les sachets de coton imprégné d'huiles essentielles, que l'on glissera à l'intérieur d'un rembourrage de tergal.

■ *On ne se lasse pas d'ouvrir un placard délicieusement odorant dans lequel le linge parfumé est soigneusement rangé.*

# PRINTEMPS

La nature donne enfin des signes de réveil : si la météo se fait capricieuse, déjà les premières fleurs du printemps s'épanouissent. Le moment est venu de confectionner tout ce qui ne nécessite pas de produits de saison, et de préparer les étagères des placards presque vides à présent, mais qui se rempliront bien vite lorsque le printemps aura repris tous ses droits et accompli sa promesse de nouvelles récoltes.

■ *Ces jolis œufs frais évoquent immanquablement les délices à venir, sous la forme de savoureux gâteaux et de sauces onctueuses.*

kg
0
100
200
300
400
kg.½
600
700
800
900
kg.1
500
2
500
3
500
4
500
5
500
6
500
7
500
8
500
9
500
10

# AU DÉBUT DU PRINTEMPS

Les œufs ont de tout temps été associés au printemps. C'étaient les premiers produits frais dont l'abondance augmentait à mesure que les jours s'allongeaient et que les poules, canes et oies se mettaient à pondre avec ardeur. Aujourd'hui encore, les œufs demeurent un symbole de saison, de renaissance ; si l'on peut évidemment en acheter tout au long de l'année, ceux qui ont un poulailler savent bien qu'au printemps ils disposent à profusion de bons œufs tout frais.

Jadis, les poules pondaient surtout au printemps, cependant que les oies et les canes pondaient exclusivement à cette saison, de sorte qu'il fallut inventer maintes façons de conserver les œufs en prévision des mois de pénurie. A cet effet, on les badigeonnait de graisse ou de pommade à l'oxyde de zinc, ou bien on les conservait dans de l'eau de chaux ou du silicate de potasse. Des seaux spéciaux, galvanisés et fermés par un couvercle, étaient réservés à cet usage. Un autre mode de conservation consistait à enduire les coquilles de beurre, ou à immerger les œufs dans un mélange de sel, d'eau, de chaux éteinte et de crème de tartre. Le but recherché était de supprimer la porosité des coquilles.

Il n'existe toujours pas de moyen de conserver aux œufs une parfaite fraîcheur ; le congélateur lui-même n'est pas d'une grande utilité, sauf à séparer les blancs des jaunes pour les congeler en prévision de leur emploi dans la préparation de gâteaux. On peut aussi congeler des œufs entiers battus, mais ils ne pourront être utilisés que pour confectionner des pâtes ou des omelettes (le résultat sera moins savoureux qu'avec des œufs frais). Mieux vaut cuisiner les œufs en surplus. Il existe mille façons d'utiliser les œufs en pâtisserie par exemple, on pourra ainsi préparer des crèmes d'orange ou de citron (la saison des œufs coïncide avec celle des agrumes), des macarons des meringues ou d'autres douceurs qui en outre raviront les gourmands et ceci, bien sûr, en toute légèreté !

## BOUDOIRS

Ces biscuits légers et aérés accompagnent excellemment le café ou le thé, ainsi que toutes sortes de crèmes glacées. Ils se conservent très bien dans un récipient hermétique. On peut les parfumer d'un peu de zeste de citron râpé ou utiliser du sucre vanillé (voire quelques gouttes d'extrait de vanille). Si on ne souhaite pas utiliser de poche à douille, on se contentera de déposer de petits ronds ou bâtonnets de pâte sur la plaque à pâtisserie. Si les biscuits ne gonflent pas, ils n'en seront pas moins délicieux.

*50 g de farine*
*50 g de sucre semoule*
*2 œufs*

Préchauffer le four à 190 °C. Tamiser la farine. Battre les œufs au mixeur, ajouter le sucre. Si l'on fouette la préparation à la main, battre le mélange d'œufs et de sucre au bain-marie. Lorsque le mélange épaissit, l'incorporer avec précaution à la farine, avec une cuiller métallique. Verser la pâte dans une poche à douille de 1 cm et déposer des tronçons de pâte de la longueur du doigt (une vingtaine) sur une plaque à pâtisserie bien graissée et farinée. Saupoudrer d'un peu de sucre semoule puis faire cuire pendant 7 ou 8 minutes, jusqu'à ce que les boudoirs soient légèrement dorés sur les bords. Transférer sur une grille et laisser refroidir (les boudoirs deviennent légèrement plus croustillants en refroidissant). Conserver dans une boîte métallique hermétique. Il peut être plus commode de doubler les quantités.

■ *Les premières fleurs de printemps décorent l'étagère de la cuisine, à côté d'une boîte de boudoirs préparés avec les œufs particulièrement abondants en cette saison.*

## MERINGUES MULTICOLORES

*3 blancs d'œufs*
*175 g de sucre semoule*
*25 g de pistaches non salées, hachées*
*25 g de violettes cristallisées*
*1 cuiller à café d'eau de rose*
*10 g de pétales de rose cristallisées*

Préchauffer le four à 140 °C. Garnir des plaques à pâtisserie de papier sulfurisé. Battre les blancs d'œufs en neige, puis incorporer progressivement le sucre, sans cesser de battre. Pour les derniers ajouts de sucre, employer une cuiller en métal. Diviser la préparation en trois parties : à la première, ajouter les pistaches, à la seconde les violettes cristallisées et à la dernière l'eau de rose et les pétales de rose. A l'aide d'une poche à douille, déposer de petits paquets de pâte sur des plaques à pâtisserie. Faire cuire pendant 1 heure environ, puis éteindre le four et laisser les meringues refroidir dans le four, après en avoir ouvert la porte.

■ *Ces meringues aux nuances pastel sont aussi belles que délicieuses.*

Avant l'ère de l'acier inoxydable et des ustensiles faciles à entretenir, il était long et difficile d'obtenir des surfaces métalliques étincelantes et immaculées. On employait jadis de simples pâtes à récurer à base de sable fin ou de terre. Les lames de couteau en acier étaient frottées avec de la poussière de brique ou du sable ; il fallait ensuite les graisser pour éviter qu'elles ne rouillent. Au XIXe siècle, d'énormes machines firent leur apparition, qui consistaient en des brosses dures rotatives actionnées par manivelles. A cette époque, les couverts (à l'exception des couteaux qui se devaient d'être affilés) étaient en argent ou en plaqué argent dans les grandes demeures, en alliages plus économiques dans les autres foyers. Les casseroles étamées pouvaient être nettoyées avec de l'eau de chaux et de l'huile de colza. Tout objet de métal susceptible de rouiller était rangé près de la cheminée ou d'une source de chaleur à la cuisine.

Le cuivre et le laiton étaient les deux matériaux les plus utilisés pour les ustensiles de cuisine et maints objets décoratifs. Pour qu'ils ne ternissent pas, il fallait consacrer beaucoup de temps à leur entretien. Au fil des ans, toutes sortes de substances ont été utilisées pour faire étinceler ces articles – notamment des mélanges de cendre de bois, de levure, de gingembre et de citron ou de vinaigre.

Pour redonner à des objets de cuivre ou de laiton tout leur lustre, un mélange de sel et de citron (ou de citron et de cendre de bois) fera toujours des miracles. On peut remplacer le citron par du vinaigre, mais les quartiers et les morceaux de zeste de citron permettent de frotter les détails et les recoins difficilement accessibles (on peut aussi utiliser une vieille brosse à dents). Il faut ensuite frotter le métal noirci avec des chiffons propres, en veillant à ne pas laisser de mélange acide dans les recoins (gare au vert-de-gris !). Cette tâche est salissante, aussi est-il recommandé de travailler dehors, au jardin ou bien dans un appentis.

■ *Ces vieux objets de cuivre attendent une nouvelle jeunesse : la transformation ne requiert que des ingrédients fort simples... et une bonne dose d'huile de coude !*

Le gingembre est le rhizome de la plante du même nom, une herbacée proche de l'iris originaire des forêts tropicales de l'Asie du Sud-Est mais aujourd'hui cultivée en Afrique, en Australie et aux Antilles. Le gingembre se conserve et voyage bien, aussi fut-il l'une des premières épices à atteindre la Méditerranée, puis l'Europe du Nord, au Ier siècle ap. J.-C. Aussitôt apprécié pour ses propriétés stimulantes et digestives, ce condiment devint presque autant utilisé en assaisonnement que le sel et le poivre.

Chaque pays mit au point sa recette de pain ou de gâteau au gingembre séché. Sous l'influence de la cuisine asiatique on l'emploie aujourd'hui de plus en plus souvent frais ou « vert » : sa saveur est alors citronnée. Séché et moulu, il prend un goût plus chaud, plus fort. Il existe maintes façons de le conserver : on le fait macérer dans du vinaigre, ou bien on le fait candir ou confire dans du sucre ou du sirop.

■ *Ces racines de gingembre se conserveront sans problème, à condition de rester immergées dans le xérès.*

# PAIN D'ÉPICE AU GINGEMBRE

Ce pain d'épice se conserve fort bien. Les saveurs se développent au fil du temps, aussi est-il recommandé d'attendre quelques jours avant de le déguster. Pour obtenir un pain d'épice plus simple, on peut omettre les morceaux de fruits et de gingembre.

*100 g de beurre*
*100 g de sucre brun en poudre*
*100 g de sirop d'érable*
*100 g de mélasse*
*10 cl de lait tiède*
*4 cuillers à café rases de gingembre en poudre*
*1 cuiller à café rase de cannelle en poudre*
*1/2 cuiller à café de muscade en poudre*
*1 pincée de clou de girofle en poudre*
*4 cuillers à soupe de xérès*
*3 œufs battus*
*225 g de farine*
*1 cuiller à soupe de crème de tartre*
*1 pincée de sel*
*Le zeste râpé et le jus d'une orange*
*50 g de raisins de Smyrne*
*50 g de gingembre en conserve, haché*
*50 g de zeste de citron confit*
*1 cuiller à soupe rase de bicarbonate de soude*

Préchauffer le four à 170 °C. Mélanger le beurre et le sucre. Ajouter les sirops, le lait, les épices et le xérès. Fouetter énergiquement, puis ajouter alternativement de l'œuf battu et de la farine tamisée avec la crème de tartre et le sel. Ajouter le jus et le zeste d'orange, les raisins de Smyrne, le gingembre et le citron confit. Faire dissoudre le bicarbonate dans un peu d'eau, puis ajouter au mélange. Verser la préparation dans un plat graissé et tapissé de papier sulfurisé (dimensions appro-ximatives : 30 X 23 X 8 cm). Faire cuire environ 1 heure. Laisser refroidir 15 minutes, puis démouler sur une grille. Couper le pain d'épice froid en gros dés. Conserver dans un récipient hermétique.

# BISCUITS AU GINGEMBRE

Ces biscuits simples à préparer peuvent être découpés selon diverses formes : personnages, étoiles, cœurs, arbres... Cette pâte facile à travailler, qui peut être roulée pétrie et coupée à l'infini, est donc idéale pour les enfants. Au Moyen Age, les clous de girofle et autres décorations étaient dorés pour les grandes occasions festives.

*2 cuillers à soupe de sirop d'érable*
*1 cuiller à soupe de mélasse*
*75 g de sucre semoule*
*1 cuiller à soupe d'eau*
*1 cuiller à café de cannelle en poudre*
*1 cuiller à café d'épices mélangées en poudre*
*1/2 cuiller à café de muscade en poudre*
*1 bonne cuiller à café de gingembre en poudre*
*Le zeste râpé d'une orange*
*75 g de beurre*
*1/2 cuiller à café de bicarbonate de soude*
*2 cuillers à café de jus d'orange*
*225 g de farine*

Faire fondre à feu doux les sirops et le sucre avec l'eau et les épices. Ajouter le zeste râpé. En remuant énergiquement, porter à ébullition. Hors du feu, ajouter le beurre, le bicarbonate de soude et le jus d'orange. Ajouter suffisamment de farine tamisée pour obtenir une pâte ferme. Laisser reposer sur un plan de travail. Préchauffer le four à 180 °C. Rouler la pâte en une abaisse de 3 mm, puis la découper selon les formes désirées avec un couteau ou des emporte-pièce. Décorer éventuellement de pistaches, de clous de girofle ou d'amandes. Faire cuire sur des plaques graissés pendant environ 12 minutes. Laisser reposer quelques minutes, puis transférer sur une grille et laisser refroidir.

■ *La riche saveur du pain d'épice au gingembre ira s'améliorant au fil du temps. On peut découper les biscuits au gingembre en savoureux petits losanges.*

On croyait jadis fermement à la valeur du « tonique de printemps ». On estimait en effet qu'il était nécessaire de donner au corps un coup de fouet bienvenu au sortir de l'hiver. Les citrons étaient particulièrement appréciés, d'autant plus que les enfants raffolaient de citronnades maison. A une certaine époque, les mères et les grands-mères possédaient toutes leur recette particulière, qu'elles préparaient aux premiers jours du printemps, quand les rayons du soleil se réchauffaient enfin. La rhubarbe était également jugée bénéfique : elle présentait l'avantage d'apparaître très précocement, avant les fruits frais. D'autres plantes étaient aussi mises à contribution pour apporter les premières doses de vitamines et de verdure. L'oseille et les orties servaient à faire des soupes, le pissenlits, le mouron blanc et diverses herbes folles apportaient des sels minéraux essentiels à l'alimentation quotidienne. L'énergique acidité de ces produits était certainement accueillie avec plaisir après de longues semaines de régime à base de conserves et de denrées séchées.

La citronnade, pourtant délicieuse, est généralement oubliée au profit de boissons du commerce. Il suffit pour la préparer d'employer la recette ci-dessous ou de presser des citrons (un par personne) dans un grand pichet et d'additionner le jus de sucre et d'eau, à sa convenance.

## CITRONNADE MAISON

Oter le zeste de trois citrons (mais non la pulpe blanche). Dans une cruche, ajouter aux zestes trois cuillers à soupe de sucre en poudre, puis recouvrir d'eau bouillante. Remuer vigoureusement, puis laisser refroidir. Presser les citrons et ajouter le jus dans la cruche. Ajouter de l'eau froide. Selon la nature des citrons utilisés, on emploiera plus ou moins de sucre et d'eau.

■ *Après avoir été vigoureusement frottés, ces citrons (ci-dessus) permettront de préparer un sirop qui à son tour donnera une citronnade délicieusement rafraîchissante (ci-contre).*

## SIROP DE CITRON

Ce sirop concentré, qui sert à préparer des citronnades, peut être conservé au frais, dans des bouteilles stérilisées et bouchées hermétiquement. Une fois entamé, employer rapidement le sirop. Conservé au réfrigérateur, il permet de préparer rapidement une délicieuse boisson rafraîchissante – il suffit de l'additionner d'eau plate ou gazeuse, ainsi que de glaçons. On peut garnir chaque verre d'un ou deux brins de menthe, de bourrache ou de citronnelle et d'une rondelle de citron.

*5 petits citrons bien juteux, soigneusement nettoyés*
*700 g de sucre de canne*
*60 cl d'eau bouillante*
*25 g d'acide tartrique*

Peler les citrons. Dans une grande cruche ou une jatte, recouvrir les zestes et le sucre d'eau bouillante. Mélanger soigneusement. Presser les citrons, puis ajouter le jus et l'acide tartrique au sirop. Laisser refroidir, puis filtrer et mettre en bouteille. Au moment de servir, étendre d'eau deux cuillers à soupe de sirop par verre.

Les produits de la ruche sont utilisés depuis des siècles. Le miel était autrefois le principal édulcorant employé en cuisine et un ingrédient de diverses boissons telles que l'hydromel. La cire d'abeille servait à fabriquer des chandelles – elle est encore parfois employée à cet usage, dans la confection de cierges de grande qualité, à combustion lente. Elle entrait aussi dans la composition de toutes sortes d'encaustiques, de crèmes et de lotions. La cire est une sécrétion naturelle, produite sous forme de petites écailles par des glandes du corps des abeilles, qui les malaxent puis s'en servent pour construire les rayons dans les alvéoles desquels elles déposent œufs, miel et pollen.

La cire d'abeille se présente en blocs obtenus en faisant fondre la cire des rayons après que le miel a été récolté. Ensuite filtrée, cette cire présente un beau coloris brun doré et une odeur très agréable. Pour préparer des produits de beauté, on peut acheter de la cire blanche, en blocs ou en granules (plus simples d'utilisation, ceux-ci fondent plus rapidement). Lorsque l'on fait fondre de la cire, il convient de toujours le faire au bain-marie. Cette substance est très inflammable, aussi est-il essentiel d'agir avec précaution, notamment si elle est mélangée à de l'essence de térébenthine.

Autrefois, les planchers étaient toujours encaustiqués avec un mélange d'huiles et de cire d'abeille. Dans les ménages économes, l'on conservait tous les vieux bouts de chandelle, que l'on faisait fondre avec de la térébenthine pour obtenir l'encaustique la plus simple qui fût. Au fil des ans, une encaustique à la cire d'abeille confère à tous les types de bois une merveilleuse patine. On peut agrémenter une telle encaustique de quelques gouttes d'huile essentielle de lavande, de citron ou de romarin, en mélangeant soigneusement, à la fin de la préparation, juste avant de répartir l'encaustique dans des bouteilles ou des bocaux. Si le jardin regorge de lavande, on peut aussi préparer une infusion de fleurs de lavande fraîches et l'utiliser à la place de l'eau. Le romarin est tout aussi efficace, mais la lavande est traditionnellement associée à la propreté ménagère.

Le miel pur est depuis fort longtemps employé dans la préparation de crèmes apaisantes et cicatrisantes pour la peau : sa teneur élevée en potassium est fatale aux bactéries. Il continue d'entrer dans la composition de nombreux produits cosmétiques modernes.

■ *Les amandes et le miel unissent leurs qualités au sein d'un baume réparateur qui soulagera immédiatement des mains en butte à de multiples agressions.*

## BAUME AUX AMANDES ET AU MIEL

Un pot de baume toujours à portée de la main trouvera son utilité après une journée de jardinage ou de ménage, qui mettent les mains à rude épreuve. Faire soigneusement pénétrer le baume dans la peau, ou l'employer en plus grande quantité et porter des gants de coton pendant la nuit. Les bienfaits sont immédiatement perceptibles. La teinture de benjoin joue un rôle d'agent de conservation ; on peut ajouter quelques gouttes d'huile essentielle (géranium rosat ou lavande, par exemple).

*2 poignées de flocons d'avoine*
*50 g d'amandes très finement pilées*
*1 jaune d'œuf*
*1 cuiller à soupe de miel liquide*
*2 cuillers à soupe d'huile d'amandes douces*
*8 gouttes de teinture de benjoin*

Battre très soigneusement tous les ingrédients, au fouet ou, mieux, au robot ménager. Répartir dans de petits bocaux. Pour conserver le baume, fermer hermétiquement.

## ENCAUSTIQUE A LA CIRE D'ABEILLE

Cette crème épaisse est idéale pour les meubles dont le bois délicat ne supporte pas les produits modernes au silicone. L'encaustique doit être utilisée avec parcimonie, mais pour obtenir un superbe lustre il faut frotter sans ménager sa peine.

*50 g de cire d'abeille*
*10 g de cire blanche*
*30 cl d'essence de térébenthine*
*25 g de savon en paillettes*
*15 cl d'eau bouillante*
*5 ou 6 gouttes d'huile essentielle*

Au bain-marie, faire fondre lentement les cires dans la térébenthine. Verser le savon dans l'eau bouillante et remuer vigoureusement pour le faire dissoudre. Laisser tiédir l'eau savonneuse, puis la verser dans la cire fondue, en remuant pour obtenir une émulsion. Verser l'encaustique dans un petit pot au couvercle hermétique.

■ *Les bois de qualité méritent d'être traités avec des produits qui n'en masquent ni la couleur ni le grain (ci-contre). La cire d'abeille est l'ingrédient indispensable des bonnes encaustiques (ci-dessus).*

# AU CŒUR DU PRINTEMPS

Jadis, au printemps, lorsque les journées s'allongeaient et que le soleil se faisait plus ardent, la tradition voulait que l'on procédât à un grand nettoyage des meubles, des sols et du linge. Les vêtements d'été et les tissus délicats pouvaient avoir souffert pendant l'hiver, aussi le moment était-il venu de préparer des remèdes spécifiques pour les taches et autres dommages intervenus pendant ce stockage hivernal. Les étoffes étaient toutes naturelles (lin, laine et coton, principalement), mais chacune exigeait d'être traitée spécialement, avec des seaux d'eau chaude additionnée d'ingrédients tels que de l'amidon de riz, de la lessive de soude, du son, de la colle de Flandre ; ces ingrédients parfois étranges servaient à nettoyer, adoucir ou rigidifier. Les blanchisseuses du Moyen Age utilisaient des apprêts préparés avec des rognures de sabot de cheval pour rigidifier les voilettes ; les fraises du XVIe siècle étaient traitées avec de l'amidon puis mises en forme à l'aide de fers à gaufrer chauffés. Des feuilles de lierre bouillies et réduites en pulpe servaient à nettoyer les soieries noires ; la soie de couleur claire était traitée à l'eau de pomme de terre ; le son bouilli était employé pour les chintz ; pour ôter les taches de graisse, on plongeait les étoffes dans du vin tiède ou on les frottait avec des plumes de poulet humides.

■ *Les premières pâquerettes et marguerites font leur apparition, en même temps que la rhubarbe (ci-dessus). Pour débarrasser le linge des taches de rouille, on peut les faire tremper dans le jus de la tige de rhubarbe cuite (ci-contre).*

Des milliers de recettes de conserves de viandes qui existaient par le passé, rares sont celles qui ont survécu jusqu'à nos jours, car nous disposons désormais de viandes fraîches tout au long de l'année. A une certaine époque, la seule manière de conserver la viande pour tout l'hiver consistait à la saler, à la confire dans la graisse, ou à la transformer d'une manière ou d'une autre, en la plongeant dans la saumure avant de la fumer, par exemple. Avant l'invention des bocaux hermétiques et des boîtes de conserve, la prise de conscience de l'action des bactéries et de l'importance de la stérilisation, les pièces de viande, de gibier et de volailles étaient cuites et conservées dans leur propre graisse, à l'intérieur de récipients en bois ou en terre cuite. Pour être sûr, ce procédé lent et complexe reposait sur une exclusion satisfaisante de l'air et des bactéries. Les intoxications alimentaires étaient fréquentes, mais sans doute était-il impossible de supprimer totalement ce risque.

Dans certaines campagnes françaises, les canards et les oies occupent toujours une place importante dans les habitudes culinaires : si l'on y prépare souvent le confit à la maison, la nécessité d'antan a laissé place au simple plaisir gastronomique d'aujourd'hui. La graisse d'oie ou de canard ne se perd jamais : on y fait cuire toutes sortes de denrées autres que la viande d'oie ou de canard.

## CONFIT DE CANARD

Le confit est traditionnellement préparé avec les canards et les oies spécialement engraissés pour produire le foie gras, mais cette recette peut également être adaptée pour accommoder du lapin ou du porc. Couper un canard en quatre, une oie en huit, un lapin en cinq, d'autres viandes en morceaux d'égale grosseur. Déposer les morceaux de canard (ou d'autre viande) dans un grand plat peu profond, puis les frotter avec du gros sel. Pratiquer quelques entailles dans la chair, les garnir de lamelles d'ail. Moudre du poivre noir au-dessus du canard. Ajouter quelques feuilles de laurier émiettées, du thym et d'autres fines herbes. Laisser reposer jusqu'à 24 heures dans un lieu frais.

Dans l'intervalle, préparer de la graisse. A l'intérieur de la carcasse d'une oie, on trouve toujours beaucoup de graisse, que l'on peut enlever avant de saler, mais le canard en recèle beaucoup moins. Mieux vaut employer la graisse de l'animal, mais il faut parfois la compléter avec de la graisse de porc. Essuyer les morceaux de canard (pour les débarrasser des grains de sel qui pourraient encore adhérer à la viande), puis les placer côte à côte dans un grand plat peu profond et les recouvrir complètement de graisse fondue. Faire cuire à feu très doux pendant 1 h 30 à ou 2 heures – la température de la graisse devrait être d'environ 80 °C. Piquer la partie la plus épaisse d'une cuisse avec une brochette pour s'assurer que la viande est cuite (le jus qui s'écoule doit être clair), ce qui est essentiel pour sa bonne conservation. Égoutter les morceaux de canard et les transférer dans un grand bocal stérilisé – ou les répartir entre plusieurs bocaux plus petits.

Filtrer la graisse, puis la réchauffer dans une casserole propre, jusqu'à ce qu'elle cesse de bouillonner et que toute humidité ait disparu. Laisser légèrement refroidir, puis en recouvrir le canard. Taper une ou deux fois sur le bocal pour déloger toutes les bulles d'air. Lorsque les ingrédients sont froids, ajouter de la graisse si nécessaire puis saupoudrer d'une fine couche de sel. Couvrir et fermer hermétiquement. Conserver dans un garde-manger frais et sec, ou au réfrigérateur.

Pour servir, faire fondre le confit à feu doux, réserver la graisse. Faire dorer la viande jusqu'à ce que la peau soit croustillante, ou l'utiliser dans la préparation d'un cassoulet ou d'une autre recette. Le confit s'accompagne délicieusement de galettes de pomme de terre ou de pommes de terre frites aillées. Si l'on n'emploie qu'une partie du canard, le reste peut être recouvert de graisse et utilisé ultérieurement.

Il existait au XVIe siècle une façon de conserver le poulet lors d'un long voyage maritime. Les volailles étaient tout d'abord salées, puis on les laissait reposer pendant 24 heures, avant de les faire griller et de bien égoutter tous le jus. Les poulets étaient ensuite mis dans des pots et entourés de leur graisse réchauffée avec du beurre salé parfumé de macis, de clous de girofle, de muscade et de feuilles de laurier. Ce type de conserve était même embarqué, dans des récipients de bois, rendus étanches par l'apposition d'un couvercle serré qui créait un vide lorsque le contenu se refroidissait (comme la cellophane des pots de confiture). Une épaisse toile à voile recouvrait le tout.

■ *Des pots de terre cuite, traditionnellement utilisés pour conserver viandes, fruits et légumes, entourent ici un bocal de verre plus moderne contenant un savoureux confit de canard (ci-contre, en bas).*

## RILLETTES

Les rillettes de porc ont contribué à la célébrité des charcutiers de Tours et du Mans, mais tout un chacun peut en préparer de délicieuses. Dans une cocotte à fond épais, mettre 750 g de viande de porc maigre et 500 g de poitrine de porc coupé en dés. Ajouter 15 cl d'eau, 2 gousses d'ail, 1 brin de thym, 2 cuillers à café de sel, 1/2 cuiller à café de macis en poudre, une pincée de poivre de la Jamaïque moulu, du poivre noir et une feuille de laurier. Porter à ébullition, puis faire cuire 5 heures au four à 150 °C. Remuer en ajoutant de l'eau pour empêcher la viande d'attacher. Égoutter la viande et réserver le liquide. Jeter les herbes, puis déchiqueter la viande à la fourchette. Faire de nouveau fondre la graisse du liquide refroidi, en ajouter à la viande pour obtenir une pâte molle. Répartir dans des bocaux, recouvrir d'une couche de graisse, et conserver jusqu'à 2 semaines au réfrigérateur.

Les Grecs de l'Antiquité portaient des couronnes de violettes, les Romains faisaient du vin de ces fleurs. Les jardiniers du Moyen Age semaient des prés fleuris piquetés de violettes blanches et bleues que l'on foulait aux pieds ; Napoléon fit couvrir la tombe de Joséphine d'un tapis de ses fleurs favorites. Outre leur valeur décorative, les violettes ont de tout temps trouvé des usages médicinaux et culinaires. Elles étaient jadis réputées combattre les insomnies, apaiser la colère et fortifier le cœur. Au fil de l'histoire, les violettes ont connu des périodes de grande vogue, au XIXe siècle notamment – dans certaines capitales européennes, on portait alors volontiers ces fleurs à la boutonnière (lorsque la saison s'y prêtait). Ainsi, la France exportait chaque année des milliers de bouquets de violettes vers l'Angleterre.

■ *Les violettes odorantes ont la particularité d'absorber l'eau par leurs fleurs et leurs feuilles. Elles apprécient d'être aspergées d'eau, voire même d'être entièrement immergées (ci-dessus).*

■ *Ces chocolats parfumés à la violette et décorés de fleurs cristallisées sont merveilleusement surranés (ci-contre).*

## VIOLETTES CRISTALLISÉES

Cette façon de confectionner des violettes confites est à la fois simple et moderne. Verser une cuillerée de gomme arabique en poudre dans un petit bocal avec couvercle à pas de vis. Recouvrir la poudre d'eau de rose et laisser dissoudre pendant plusieurs jours. Choisir des violettes odorantes blanches et bleues, puis les enduire avec précaution mais en totalité de préparation à la gomme arabique (au pinceau fin). Saupoudrer de sucre semoule, puis laisser sécher sur une grille, dans un lieu tiède. Conserver les violettes sèches et craquantes dans un récipient hermétique. A utiliser pour décorer les desserts.

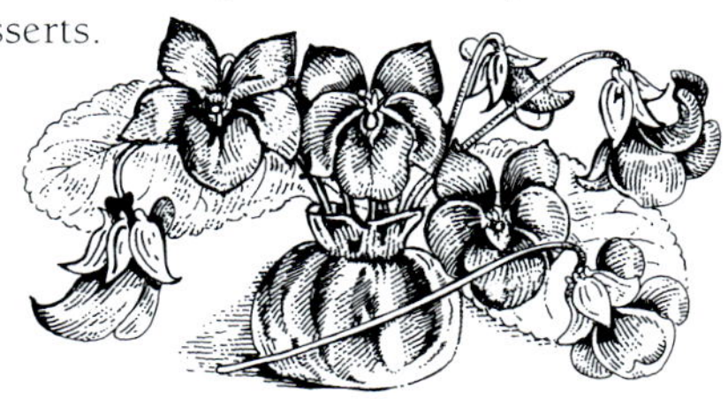

Le parfum des violettes est suave et subtil, les fleurs elles-mêmes étant petites et discrètes (elles se cachent sous leurs jolies feuilles en forme de cœur). Ces fleurs étaient jadis communément utilisées pour décorer des spécialités culinaires, pour parfumer des salades printanières, des vinaigres et du sucre, ainsi que pour préparer des sirops apaisants et des boissons alcoolisées (qui conservaient la couleur des violettes, à condition que le liquide n'ait pas bouilli).

On parfume encore à la violette des savons et des lotions, des pastilles et des chocolats fourrés à la crème. Les violettes de Parme, d'une couleur violet pâle, assez rares aujourd'hui, étaient autrefois cultivées pour le marché des fleurs coupées et des plantes en pot. Ces jolies fleurs ne sont pas très robustes, mais elles méritent le regain d'intérêt dont elles semblent faire l'objet depuis quelque temps.

Les Romains faisaient un usage abondant d'une sauce au poisson préparée avec le jus fermenté de poissons salés, appelée *liquamen*, qui fit un temps l'objet d'une véritable industrie. De nombreux pays possèdent encore leurs propres formules de sauces et condiments au poisson, qui servent le plus souvent à accentuer la saveur de plats de poissons, mais peuvent aussi relever des mets ne contenant ni poisson ni fruits de mer.

Au XIXe siècle, l'esssence et les pâtes d'anchois connurent une vogue extraordinaire dans le nord de l'Europe. Nombre de ces préparations étaient très épicées et de saveur puissante : on les consommait le plus souvent avec des plats eux-mêmes épicés ou vinaigrés. On trouve encore actuellement dans le commerce de l'essence d'anchois (qui agrémente de façon délicieuse les mayonnaises), ainsi que des sauces aux huîtres chinoises ou du nuoc-mam vietnamien. Il est cependant toujours préférable de préparer soi-même ce type de sauce ou de condiment.

■ *Ces huîtres fraîches vont servir à préparer une délicieuse sauce.*

## SAUCE YORKSHIRE

Cette sauce s'emploie sur les viandes froides. Utiliser de préférence des anchois séchés, ou égoutter, laver et essuyer des anchois à l'huile.

*100 g d'anchois*
*4 gousses d'ail, hachées*
*4 échalotes, hachées*
*1 cuiller à soupe de cassonade*
*1 cuiller à soupe de macis en poudre*
*1/2 cuiller à café de poivre de la Jamaïque moulu*
*3 cuillers à soupe de sauce de soja*
*1 cuiller à café de piment de Cayenne*
*1 l de vinaigre de malt*

Mixer tous les ingrédients, à l'exception du vinaigre, au robot ménager. Transférer dans de grands bocaux, ajouter le vinaigre et couvrir. Agiter chaque jour pendant un mois. Filtrer et mettre en bouteille.

## SAUCE AUX HUITRES

Il est conseillé de préparer cette sauce avec des huîtres fraîches, en saison.

*12 huîtres*
*50 g de filets d'anchois à l'huile égouttés*
*20 cl de vin blanc*
*Le jus et le zeste d'un citron*
*1/2 cuiller à café de macis*
*1/2 cuiller à café de clous de girofle*
*1 cuiller à soupe d'échalotes hachées*

Ouvrir les huîtres. Conserver leur eau. Dans une casserole, faire mijoter 30 minutes les huîtres dans leur eau, avec les anchois, le vin, le jus et le zeste de citron. Ajouter les échalotes et les épices, puis faire bouillir 15 minutes. Filtrer la sauce, la verser dans des bouteilles propres. Stériliser (15 minutes dans un bain d'eau à 80 °C). Fermer hermétiquement.

## MOUSSE AUX GÉRANIUMS ODORANTS

Utiliser par exemple des géraniums rosats.

*1 cuiller à soupe 1/2 de gélatine en poudre*
*8 feuilles de géranium odorants*
*6 cuillers à soupe d'eau*
*2 gros œufs, blancs et jaunes séparés*
*60 g de sucre semoule*
*15 cl de yaourt et 30 cl de fromage frais*
*15 cl de crème à fouetter*

Dissoudre la gélatine dans 4 cuillers à soupe d'eau chaude. Verser 2 cuillers à soupe d'eau bouillante sur les feuilles de géranium et laisser refroidir. Battre les jaunes d'œufs et le sucre, puis ajouter le yaourt. Battre les blancs d'œufs en neige. Fouetter la crème. Incorporer la gélatine froide aux jaunes d'œufs sucrés, puis incorporer le fromage frais, la crème, l'eau des feuilles, puis les blancs en neige. Transférer dans un moule humecté. Réfrigérer pendant plusieurs heures. Servir décoré de feuilles glacées au sucre.

■ *Les géraniums odorants se plaisent à l'intérieur des maisons, mais il leur faut beaucoup de lumière. On peut choisir toutes sortes de parfums, de la rose à l'eucalyptus, de la myrrhe au citron (en haut).*

■ *Les fleurs panachées de certains géraniums odorants se prêtent particulièrement bien au glaçage (ci-dessus). On emploiera pour ce faire la méthode indiquée page 95. Il est bon d'en avoir en réserve pour décorer des desserts tels que cette mousse de géranium (ci-contre).*

# A LA FIN DU PRINTEMPS

La plupart d'entre nous image que les pots pourris de fleurs séchées existent depuis des siècles. On sait par exemple que l'on avait jadis coutume de répandre des fleurs et des herbes aromatiques sur les sols des maisons, et l'on croit savoir que dans les grandes demeures des siècles passés de grands bols de préparations odorantes étaient posés sur les meubles. En réalité, l'emploi de tels parfums était plus discret, qui répondait à des nécessités purement pratiques. Au XVIe siècle, herbes et fleurs séchées étaient le plus souvent réduites en fines poudres, dont on garnissait des sachets qui prenaient place parmi le linge rangé dans des coffres et des armoires.

Des recettes de fleurs et pétales séchés entiers apparurent vers la fin du XVIIIe siècle. Les récipients destinés à contenir ces ingrédients parfumés furent alors conçus en tant qu'articles de décoration. Les sachets d'ingrédients en poudre étaient principalement utilisés pour repousser des insectes tels que les mites, les abeilles et les punaises, qui infestaient fréquemment les étoffes, la fourrure ou les murs et les sols. Les habitations étaient moins bien ventilées et chauffées qu'aujourd'hui,

■ *La préparation d'une poudre fragrante. Les épices entières doivent être pulvérisées (ci-dessus).*

de sorte que le linge avait tôt fait de moisir si l'on ne prenait pas de précautions.

On craignait toujours les puces, les poux et les punaises, et ce même dans les demeures les plus somptueuses. La lutte contre la vermine reposait sur le seul emploi de méthodes naturelles faisant appel à des plantes. On découvrit que certaines herbes aromatiques étaient efficaces contre les insectes, cependant que d'autres fleurs et aromates étaient utilisés pour leur agréable parfum. Au Moyen Age, cette caractéristique revêtait une importance cruciale, du fait des mauvaises odeurs résultant de l'insuffisance des installations sanitaires et de la ventilation, des feux fumeux, de la promiscuité dans laquelle vivaient les hommes et les animaux domestiques, de l'absence d'eau courante et de produits détergents. Les parfums les plus suaves étaient considérés comme le souffle de Dieu, et à ce titre tenus pour sacrés. On croyait aussi que les mauvaises odeurs étaient causes de maladie, que les parfums avaient effet de combattre. Au XVIe siècle, un certain Thomas Tusser identifiait vingt et une plantes à répandre sur les sols. Nombre des herbes aromatiques incluses dans sa liste allaient entrer dans la composition de pots pourris et de poudres odorantes.

Il était essentiel de tout faire pour retenir le parfum fugace des fleurs et des feuilles : pour ce faire, on employait divers fixatifs, eux-mêmes parfumés ou non, mais souvent exotiques et donc onéreux. Le musc était sécrété par les glandes abdominales du chevrotain porte-musc, l'ambre gris par les cachalots, la civette provient du mammifère du même nom. Les fixatifs végétaux comprenaient le laudanum, résine du ciste de Crète, d'autres résines aussi, issues du liquidambar et du styrax (dont certaines sont encore employées en parfumerie), ou la poudre d'iris blanc (*Iris Fiorentina*), aujourd'hui abondante et peu coûteuse, qui dégageait un léger parfum de violette. Le benjoin, provenant de *Styrax benzoin*, est également économique, mais il se présente sous la forme de petits blocs durs, qui doivent être pilés dans un mortier.

## POUDRE FRAGRANTE

Préparer cette poudre en quantité, et en remplir de petits sachets de mousseline et de batiste. Cette recette peut être adaptée en fonction des ingrédients disponibles. Les mesures varient selon les besoins particuliers.

*8 mesures de graines de coriandre écrasées*
*8 mesures de poudre d'iris*
*1 mesure de cannelle en poudre*
*1 mesure de muscade en poudre*
*1 mesure de clous de girofle en poudre*
*1/2 mesure de sucre en poudre*
*3 mesures de fleurs de lavande*

Mélanger soigneusement tous les ingrédients dans une jatte, puis en remplir des sachets de tissu, en ajoutant éventuellement un morceau de ouate imprégné de quelques gouttes d'huile essentielle (rose, géranium, romarin, citron ou orange).

■ *Glissés dans les piles de linge, des sachets de poudre fragrante parfument subtilement les armoires.*

La fin du printemps donne le signal d'un renouveau de la croissance de plantes aromatiques pérennes telles que le thym et la sauge ; les buissons de romarin sont depuis plusieurs semaines couverts de fleurs azurées. Les premières pousses de menthe et de ciboulette surgissent brusquement, pour donner toute sa saveur au printemps. Salades et plats de légumes peuvent être généreusement garnis de cerfeuil, de persil ou de marjolaine. Les fines herbes annuelles ne seront au mieux de leur forme qu'un peu plus tardivement, à moins qu'elles n'aient été cultivées sous serre (il est aujourd'hui possible d'acheter des herbes fraîches presque tout au long de l'année). Il n'est guère recommandé d'acheter des fines herbes séchées, pas plus que de les faire sécher soi-même, car la plupart perdent alors toutes leurs qualités. Les feuilles de laurier, le thym et certaines herbes provençales entrant dans la composition des bouquets garnis peuvent faire exception à cette règle, mais l'emploi excessif d'herbes séchées est à éviter : neuf fois sur dix, mieux vaut ne pas employer de fines herbes du tout plutôt que d'utiliser des herbes séchées éventées.

■ *La première étape de la préparation d'une pâte d'herbes aromatiques consiste à piler celles-ci dans un mortier.*

Les fines herbes fraîches doivent évidemment être employées rapidement – il n'existe pas de moyen parfaitement efficace de les conserver. Lorsque le jardin produit certaines variétés en abondance, le mieux est sans doute d'en congeler, ou de préparer de petits pots de gelées de fruits incorporant de bonnes quantités de ces herbes. On peut aussi essayer de confectionner des pâtes de fines herbes, qui se conserveront au réfrigérateur pour peu qu'elles soient protégées sous une pellicule d'huile. Les mélanges de moutardes et de fines herbes ou le délicieux pistou (au basilic) représentent aussi de bonnes solutions aux problèmes de conservation.

De nombreux cuisiniers font macérer des fines herbes dans de l'huile ou du vinaigre : c'est là un excellent moyen d'en prolonger le parfum et la saveur. Les huiles végétales les plus insipides peuvent elles-mêmes être grandement améliorées par l'adjonction d'une poignée de basilic ou de thym. Si l'huile est utilisée dans la préparation de sauces de salade, mieux vaut choisir de l'huile d'olive. Le vinaigre bénéficie également de l'apport de l'estragon ou du romarin. Pour faire œuvre de création, on pourra mélanger plusieurs fines herbes et leur ajouter de l'ail, des grains de poivre, des piments, du zeste de citron et d'autres ingrédients à même de relever toutes sortes de plats, dont des salades.

Le procédé à employer pour l'huile comme pour le vinaigre est d'une grande simplicité. Dans une bouteille (ou un bocal à couvercle à pas de vis) très propre, recouvrir d'huile ou de vinaigre une poignée de fines herbes fraîches. Boucher soigneusement. Laisser macérer pendant plusieurs jours ou plusieurs semaines, en agitant une fois par jour. Filtrer l'huile ou le vinaigre, puis mettre en bouteille.

Les pâtes de fines herbes sont faciles à préparer au robot ménager ou au mortier. Piler de grandes quantités de fines herbes fraîches hachées, ajouter de l'huile pour obtenir une pâte épaisse. Répartir dans de petits bocaux et recouvrir la surface d'huile. Couvrir et conserver au réfrigérateur. Utiliser des cuillerées de pâte dans les sauces et les soupes. On peut assaisonner ces pâtes de sel, de poivre et d'un peu de jus de citron, ou les préparer avec de l'huile de noix ou d'olive.

Rien n'est plus simple que d'effectuer ses propres mélanges de thés. Il suffit d'ajouter à un thé ordinaire des fleurs ou d'autres aromates. On peut choisir un thé de Chine ou un thé indien plus fort, mais dans la mesure où ces thés parfumés sont faits pour être savourés sans lait, la variété la plus appropriée est sans doute un thé de Chine tel que le Oolong.

## THÉS PARFUMÉS

Deux des thés parfumés parmi les plus classiques sont le thé au jasmin et le thé aux pétales de roses, tous deux très faciles à préparer soi-même, pour un résultat bien meilleur que celui que l'on obtient avec les thés du commerce. Pour un thé à la rose, choisir des pétales séchés de couleur rouge ou rose foncé, provenant de fleurs à la senteur puissante et tenace. *Rosa gallica officinalis*, habituellement employée pour l'élaboration de l'essence de rose, convient particulièrement bien, tout comme la Guinée grimpante, plus moderne. Les petites fleurs du jasmin d'été perdent leur fraîche blancheur en séchant, mais elles conservent leur riche senteur exotique, de sorte qu'on peut les utiliser en petites quantités. Il est nécessaire d'essayer diverses proportions en fonction des goûts de chacun, mais en règle générale une cuiller à soupe de pétales ou de fleurs séchés suffit à parfumer 100 g de thé.

Le thé peut aussi être parfumé avec des lamelles de zeste de citron, d'orange ou de citron vert séché : peler avec précaution le zeste, sans aucune membrane blanche, puis faire sécher des rubans de zeste pendant quelques jours en un lieu tiède. Hacher ou couper le zeste en petits morceaux, plus faciles à mélanger au thé que des gros. La fleur d'oranger possède une merveilleuse senteur, mais à moins de posséder chez soi un oranger, il est difficile de s'en procurer.

Les violettes odorantes conviennent également très bien. Porter les proportions à 2 cuillers à soupe de fleurs pour 100 g de thé. En été, lorsque les fleurs et les herbes aromatiques sont abondantes, en ajouter des poignées dans une théière, pour renouveler une boisson chaude bien banale (la saveur des fleurs et des herbes fraîches est plutôt moins prononcée que celle des ingrédients séchés).

■ *Des herbes aromatiques fraîches composent un superbe tableau aux nuances vertes et violettes (ci-contre).*

■ *De petits sachets de thé parfumé peuvent être conservés dans des boîtes métalliques ; ils feront de charmants petits cadeaux (double page suivante).*

De par leur nature, les produits laitiers ne se conservent pas facilement. Les fromages ont été inventés pour préserver durablement le lait, en réduisant sa teneur en eau et en pressant ses éléments solides pour leur donner une forme maniable. Dans certains cas, l'introduction de bactéries inoffensives conférait des saveurs et des consistances particulières aux fromages ; en utilisant différentes méthodes de conservation et d'empaquetage, on créa des milliers de variétés de fromages, à partir d'un même ingrédient de base : le lait.

Dans le monde entier on prépare du fromage avec toutes sortes de laits – de vache, de buffle, de brebis, de chèvre, de renne même. Après le processus initial de séparation du caillé et du petit-lait (pour obtenir un fromage à pâte dure, et donc à longue conservation), après le pressage et le moulage du fromage, il ne reste plus grand-chose à faire. La qualité du produit fini dépend de celle du lait cru utilisé (la traite peut avoir eu lieu le matin ou l'après-midi ; on peut employer des laits provenant de différentes traites). Certains fromages ont plus de caractère à des époques données de l'année, selon l'alimentation des bêtes durant cette période. La taille, la forme et le mode de conservation des fromages influent aussi sur leur saveur et leur consistance (ainsi, les fromages à pâte dure ont besoin de temps pour que leur saveur se développe et s'affine).

On préparait jadis chez soi des fromages blancs crémeux pour utiliser les surplus de lait aigre du foyer, cependant que les gros fromages étaient généralement élaborés dans des laiteries spécialisées. Ces fromages se devaient d'être fabriqués dans de bonnes conditions d'hygiène, aussi une pièce particulière était-elle souvent réservée à cette fonction dans les grandes demeures. La laiterie y était jugée fort importante, et l'on attachait un grand prix à la compétence des « filles de laiterie » – la tâche exigeait du savoir-faire, et le beurre comme le lait avaient tôt fait de se gâter. Alors que les autres domestiques étaient employés à des tâches souvent très diverses, les filles de laiterie ne travaillaient que dans leur domaine réservé. A l'intérieur de la laiterie, les surfaces devaient être en bois ou en pierre, froides, propres et susceptibles d'être vigoureusement récurées et inondées d'eau bouillante après chaque séance de préparation de beurre, de crème ou de fromages.

On note depuis quelques années un regain d'intérêt pour de nombreux fromages régionaux, et notamment pour les fromages de chèvre et de brebis.

## FROMAGES DE CHÈVRE A L'HUILE AROMATISÉE

Préparer l'huile aromatisée, puis y plonger les fromages de chèvre. L'huile peut être utilisée pour plusieurs séries de fromages.

*50 cl d'huile d'olive*
*2 gousses d'ail épluchées*
*1 brin de romarin frais*
*1 brin de thym frais*
*1 brin de marjolaine fraîche*
*2 feuilles de laurier fraîches*
*1 cuiller à café de grains de poivres vert, rose et noir*
*1 cuiller à café de graines de coriandre*
*1 petit piment fort séché*
*1 cuiller à café de grains de poivre de la Jamaïque*
*1 cuiller à café de graines de céleri*

Verser l'huile et tous les autres ingrédients dans un bocal à large col, fermant avec un bouchon ou un couvercle à ressort. Déposer les fromages dans l'huile ; les immerger totalement. Laisser macérer pendant quelques jours avant emploi.

Les fromages de chèvre sont en général de petite taille ; de nombreux chèvres peuvent être dégustés frais ou laissés à mûrir (ils durcissent alors et s'entourent d'une croûte). Pour les conserver, on choisira des fromages légèrement mûrs, sur lesquels apparaît un début de croûte, pour les immerger dans l'huile. On pourra ensuite les passer au gril et les servir en accompagnement d'une salade verte. L'huile d'olive donne les meilleurs résultats ; on peut l'aromatiser de toutes sortes d'ingrédients – de fines herbes, d'ail, de poivre (mais non de sel), d'épices, et même de piments forts.

Les fromages doivent rester immergés pour éviter qu'ils ne se dessèchent. Il est tout à fait possible d'en prélever un ou deux et de réserver les autres pour une occasion ultérieure. Il n'est pas nécessaire de les placer au réfrigérateur, mais par contre il est fortement recommandé de les entreposer dans un lieu sombre et frais.

■ *Les crottins se conservent particulièrement bien dans l'huile (ci-contre).*

■ *L'emploi de fines herbes fraîches rendra les fromages plus savoureux, mais aussi plus jolis que des fromages secs (ci-dessous).*

La bonne conservation des aliments repose depuis toujours sur l'emploi de récipients propres et sains, de bouchons et couvercles efficaces, et de bonnes conditions d'entreposage. Les matériaux ont évolué depuis l'époque des pots de bois tendus de vessies d'animaux, mais les techniques de stockage ne se sont guère améliorées. Il est essentiel d'éviter que les denrées ne soient au contact de l'air, car alors les bactéries et les levures les gâteraient rapidement. Les bocaux dotés de joints de caoutchouc et de couvercles à pas de vis (ou de fermeture à ressort) fonctionnent selon un principe simple : l'air chaud présent sous le couvercle se contracte en refroidissant, de sorte que le couvercle est aspiré et maintenu fermement en place, grâce à l'élasticité du caoutchouc. Pour accéder au contenu, il faut tirer fortement sur le joint. Ce traitement est nécessaire pour les conserves de fruits et de légumes, mais pas pour les confitures et autres conserves très sucrées qui se satisfont pleinement d'un couvercle de cellophane.

Lorsque l'on met de la confiture en bocaux, il convient de disposer de petits ronds de papier sulfurisé à déposer sur la confiture brûlante, après l'avoir versée dans les bocaux de verre, ainsi que de ronds de cellophane de plus grande taille, humectés sur la face externe puis placés sur le bocal et maintenus avec un élastique. En séchant, la cellophane se rétracte et se tend comme une peau de tambour.

Les conserves au vinaigre se dessèchent rapidement dès qu'elles sont exposées à l'air, car le vinaigre s'évapore. Il est toutefois rare qu'elles moisissent, en raison des propriétés de conservation du vinaigre et du sucre, mais elles doivent être placées dans des récipients aussi hermétiques que possible. La

■ *Il est utile d'acheter et de conserver toutes sortes de papiers et de feuilles de cellophane, pour parer à toute éventualité. On les rangera dans un tiroir de la cuisine ou dans un classeur.*

## CIRE A CACHETER

Les bouteilles et les bocaux fermant avec un bouchon de liège peuvent être scellés avec de la cire. Il est tout à fait possible d'utiliser des bâtons de cire à cacheter ordinaire, mais si l'on peut se procurer les ingrédients nécessaires, il peut être intéressant d'employer cette vieille recette :

Dans un vieux pot, faire fondre 100 g de cire à cacheter, une même quantité de colophane et une noix de cire d'abeille. Le mélange mousse de façon spectaculaire, aussi faut-il le remuer avec une chandelle. En badigeonner les bouchons pour sceller les bocaux.

cellophane est insuffisante, et comme le métal se corrode sous l'effet de l'acide du vinaigre, mieux vaut employer des bocaux à couvercle en plastique ou une vieille méthode telle que celle qui consiste à verser une couche de paraffine sur les ingrédients à conserver, puis à recouvrir le bocal d'une feuille de papier ou de plastique. La paraffine peut être utilisée pour de nombreuses conserves, mais il faut veiller à ce qu'elle adhère aux parois du bocal, pour le sceller à la perfection (on la verse jusqu'au sommet du bocal, sur le disque de papier sulfurisé en contact avec les denrées).

Le fait de sceller les bocaux de conserve maison relève autant de motivations esthétiques que de raisons pratiques. Les alignements de lourds bocaux de verre à l'ancienne sont magnifiques, et les couvercles de cellophane ou de papier kraft ciré sont nettement plus jolis que les couvercles en plastique. Un vieux "truc" de grand-mère permettant d'empêcher la moisissure de gagner les confitures consiste à en badigeonner la surface d'eau-de-vie, ou de plonger les ronds de papier sulfurisé dans de l'eau-de-vie avant de les poser sur la confiture chaude. Il importe de toujours couvrir les confitures lorsqu'elles sont brûlantes, la cellophane pouvant être placée à ce stade ou lorsque les pots ont complètement refroidi – le fait de les sceller lorsqu'ils sont tièdes est souvent à l'origine des accidents de conservation. Le stockage dans des lieux humides est évidemment facteur de mauvaise conservation ; l'emploi de fruits trop mûrs ou détrempés (surtout lorsque l'été est particulièrement humide) peut même favoriser le développement des moisissures.

■ *Papier kraft, étiquettes et petite ficelle sont tout à fait suffisants pour empaqueter et couvrir les pots et les bocaux de conserves et de confitures maison.*

# ÉTÉ

Les roses illuminent les plates-bandes, les légumes colorent le potager, les senteurs estivales s'insinuent dans les maisons. Vite, il faut les retenir, les faire durer toute l'année ! Le moment est venu de récolter les fleurs et d'utiliser les tendres fruits de l'été, si délicieux mais si marcescibles. Pourquoi ne pas profiter du temps libéré par la simplicité des repas estivaux pour mettre en conserve des denrées qui apporteront un rayon de soleil sur la table quand les mauvais jours seront revenus ?

■ *Une feuille de chou se transforme en panier pour recueillir les premières framboises du jardin, comme c'était souvent la coutume jadis.*

# AU DÉBUT DE L'ÉTÉ

Herbes aromatiques et feuilles odorantes n'attendent que d'être mises à sécher pour garnir ensuite des sachets et oreillers parfumés. Au début de l'été se produit un puissant élan de croissance ; l'énergie des plantes sert à fabriquer des feuilles, plutôt que les fleurs qui apparaîtront un peu plus tard. Le feuillage de certains églantiers odorants (*Rosa rubiginosa*, notamment) dégage une délicieuse senteur de pommes vertes, qui se répand par temps de pluie, ou lorsque l'air est humide après une averse d'été. Ces feuilles d'un beau vert vif doivent être récoltées et séchées rapidement, si l'on veut qu'elles conservent leur merveilleux parfum.

Le qualificatif "odorant" associé au nom d'une espèce végétale indique généralement qu'elle fut à un moment de l'histoire cultivée ou exploité pour sa senteur particulière. L'aspérule odorante (ou hépatique des bois, ou petit muguet – *Asperula odorata*), dont on jonchait les sols au Moyen Age, servait aussi à confectionner des guirlandes dont on décorait les églises lors des fêtes religieuses. L'aspérule n'est en réalité pas très parfumée lorsqu'elle pousse : c'est en séchant que ses feuilles acquièrent leur agréable senteur. Elles contiennent de la coumarine : c'est la présence de cette substance odorante qui explique qu'en séchant les herbes vernales des champs d'autrefois exhalaient un délicieux parfum. On utilisait les feuilles d'aspérule odorante pour parfumer des vêtements, ou bien on les plaçait entre les pages des livres ; on en faisait aussi des lotions pour la peau ; au XVIIIe siècle, on en glissait à l'intérieur des montres gousset, afin de pouvoir respirer leur parfum tout en lisant l'heure.

D'autres feuilles peuvent être séchées pour remplir des sachets et oreillers : géraniums odorants, verveine citronnelle ou verveine odorante (*Lippia citriodora*), menthe, mais aussi divers mélanges d'herbes, de feuilles et de pétales de fleurs. Il convient de récolter ces herbes, ces fleurs et ces plantes par temps sec, puis d'ôter les feuilles des tiges. On étalera les feuilles dans un panier peu profond ou sur un plateau grillagé, puis on les laissera sécher dans un lieu tiède mais aéré. Lorsque brille un beau soleil, le séchage peut s'effectuer rapidement dans le jardin ou dans une serre, à l'abri du vent. Plus le séchage est rapide et mieux les parfums et les couleurs se maintiennent. Plutôt que de faire sécher les feuilles détachées, on peut les lier en bottes par les tiges et les suspendre à l'envers au-dessus d'un poële ou dans un placard-séchoir.

On peut soit garnir directement des coussins et oreillers de feuilles séchées émiettées, soit remplir d'abord l'oreiller de kapok, puis bourrer un sachet plus petit d'herbes et le placer à l'intérieur de l'oreiller. Il sera ainsi plus facile de remplacer les herbes lorsque leur senteur se sera évanouie. Si le coussin ou l'oreiller nécessite des lavages fréquents, mieux vaut l'entourer d'une taie amovible.

Les coussins et oreillers parfumés peuvent être garnis non seulement de feuilles odorantes, mais aussi de mélanges de feuilles et de fleurs ; on peut également humecter légèrement d'huiles essentielles des morceaux d'ouate hydrophile, que l'on glissera ensuite dans le rembourrage du coussin. Parmi tous

■ *Ces étoffes bleu et blanc étalées devant des aspérules odorantes en fleurs contiendront bientôt ces mêmes fleurs cueillies et séchées* (ci-dessus).

■ *Coussins et oreillers écossais parfumés, rayures et vieilles dentelles...* (ci-contre).

les parfums agréables, mentionnons ceux des copeaux de bois de cèdre ou de bois de santal, qui présentent en outre l'avantage de repousser les insectes.

Lorsque l'on confectionne des sachets ou des coussins parfumés, il importe de choisir des tissus s'accordant bien avec ce contenu odorant. Les rayures et les damiers semblent convenir aux senteurs simples, nettes, feuillues, cependant que les parfums plus sucrés et fleuris s'accommodent mieux de motifs floraux et de tissus luxueux. Si les feuilles ou autres ingrédients odorants sont quelque peu épineux ou poussiéreux, il faut employer des tissus à la trame serrée (le choix de l'étoffe de la taie reste toutefois entier). Une fine mousseline ou un morceau de batiste convient bien à la confection du sachet destiné à contenir toutes sortes de feuilles, telles que l'aspérule odorante.

Les fraises sont aujourd'hui commercialisées presque tout au long de l'année, aussi nous sommes-nous habitués à les consommer sans cérémonie, mais à une époque qui n'est pas si éloignée elles n'apparaissaient que brièvement à la fin du printemps et au début de l'été. On les bichonnait alors, en les couvrant par exemple de cloches pour les amener à maturité une ou deux semaines en avance. Les variétés étaient jadis très nombreuses : le choix des plants est aujourd'hui beaucoup plus réduit ; la diversité des fraises du commerce est encore moindre. Les fraises sont des fruits délicats, qui supportent mal d'être manipulés et transportés, aussi les nouvelles variétés ont-elles été mises au point pour leur résistance plus que pour leur saveur.

Il n'est pas facile de préparer de bonnes confitures de fraises, car il faut disposer de fruits frais bien mûrs et gorgés de soleil. Les fraises dont la croissance s'est déroulée lors d'une saison froide et humide seront gonflées et sans saveur. Leur teneur en pectine sera très faible. Or, les fraises ne contiennent naturellement que peu de cette pectine, pourtant essentielle à la bonne prise des confitures. C'est pourquoi les confitures de fraises sont souvent trop cuites, de sorte que leur goût est sans fraîcheur. Les confitures et autres conserves de fraises justifient l'emploi d'un complément de pectine liquide ou provenant de fruits compatibles tels que les groseilles. Il vaut cependant la peine de persévérer, car la confiture de fraises demeure un grand classique du genre, qu'on la consomme sur des tartines, dans des desserts ou tout simplement à la cuiller. De nombreuses recettes anciennes indiquent comment s'y prendre pour conserver les fruits sans les réduire en purée, l'objectif étant d'obtenir une confiture rouge clair dans laquelle des fraises entières sont en suspension.

Il suffit de posséder un petit bout de jardin pour pouvoir cultiver quelques plants de fraises alpestres rouges ou jaunes : leur saveur est incomparable, et elles présentent en outre l'avantage de n'être que rarement attaquées par les oiseaux. On peut les déguster l'année même des premiers semis. Les fraises alpestres permettent de préparer de délicieuses confitures, à condition de pouvoir en cultiver suffisamment ; sinon, on trouvera un immense plaisir gustatif à cueillir chaque matin les plus mûres pour en parsemer un bol de céréales ou un dessert.

D'autres emplois des fraises sont moins connus : elles exercent une action tonifiante sur la peau et luttent contre la plaque dentaire, laissant les dents blanches et l'haleine fraîche. On pourra s'appliquer sur le visage un mélange de lait crémeux et de fraises passé au mixeur et conservé au réfrigérateur. Après quelques secondes, on se rincera le visage. Cette lotion exerce une action tonifiante sur la peau. Pour un traitement plus rapide, il suffit de réduire en purée quelques fraises mûres et d'étaler cette pulpe sur le visage, avant de s'étendre et de se détendre pendant quelques minutes. Signalons qu'il vaut mieux procéder à ces soins dans son bain que sur le plus beau tapis de la maison !

■ *Les fraises doivent être dégustées le plus rapidement possible après la cueillette. Celles-ci attendent d'être transformées en une délicieuse confiture maison.*

■ *Les fraises sont aussi bonnes pour la peau qu'agréables au palais : on les emploie depuis des siècles à des fins culinaires mais aussi cosmétiques.*

Les groseilles à maquereau, que l'on avait pour coutume de déguster à la Pentecôte dans les pays d'Europe du Nord, y étaient les premiers fruits frais de saison disponibles en quantités suffisantes pour que l'on pût les mettre en conserve de maintes manières différentes. On en faisait notamment des sauces, qui accompagnaient des mets salés riches ou gras (tels que le maquereau, évidemment, mais aussi l'oie), ainsi que des desserts et des confitures. Ces groseilles, qui s'épanouissent sous les climats septentrionaux, présentent l'avantage de pouvoir être dégustées avant d'être mûres (même s'il faut alors les sucrer abondamment), ou plus tard au cours de l'été, quand elles sont devenues aussi grosses et sucrées que des prunes (les plus grosses atteignent parfois près de 60 g). Contrairement aux fruits rouges, souvent dévorés par les oiseaux, les groseilles à maquereau sont rarement attaquées lorsqu'elles sont vertes. Leur petit inconvénient réside dans le caractère fastidieux de leur équeutage.

Lorsque l'on fait cuire les groseilles dans du sucre, elles perdent leur fraîche couleur verte, pour prendre de chaudes nuances ambrées. A la confiture de groseilles à maquereau, un peu pâteuse, on préférera une gelée parfumée aux fleurs de sureau. Dans mon enfance, on utilisait cette gelée comme fond de sauce à la menthe, délicieuse avec l'agneau.

## GELÉE DE GROSEILLES A LA MENTHE

On conservera cette gelée dans de petits bocaux, afin de pouvoir en déguster un par repas. Cette sauce accompagne à la perfection la viande d'agneau.

*1 kg de groseilles à maquereau vertes*
*Sucre*
*16 brins de menthe non poivrée*
*Le jus de 2 citrons*

Faire bouillir les groseilles (non équeutées). Laisser mijoter jusqu'à ce qu'elles soient ramollies. Filtrer au travers d'une mousseline. Mesurer la quantité de jus. Ajouter 500 g de sucre pour 65 cl de jus. Lier la moitié de la menthe en botte, ajouter dans la casserole au jus de groseille, au sucre et au jus de citron. Faire fondre le sucre, puis porter à ébullition pour faire prendre la gelée. Oter la menthe. Hacher finement le reste de la menthe, puis ajouter à ajouter à la gelée avant de mettre en bocaux.

■ *Les groseilles à maquereau mûrissent tout au long de l'été. On peut les manger crues, mais à ce stade leur saveur est trop âpre.*

## CONFITURE DE GROSEILLES A L'ORANGE ET AUX PISTACHES

Une recette noble pour les humbles groseilles à maquereau.

*1,5 kg de groseilles à maquereau fraîches, équeutées*
*4 oranges non traitées*
*1,5 kg de sucre*
*175 g de pistaches non salées, très fraîches*

Dans une grande bassine à confiture, faire mijoter pendant 10 minutes à feu doux les groseilles, le zeste râpé des oranges et 30 cl d'eau. Ajouter le sucre et le jus des oranges. Porter à ébullition jusqu'à ce que le mélange prenne – veiller à ce que la confiture ne durcisse pas. Hors du feu, ajouter les pistaches grossièrement hachées. Remuer soigneusement, laisser reposer brièvement, puis verser dans des pots et prendre soin de sceller pendant que la confiture est encore très chaude.

■ *Abondantes et faciles à cultiver, les groseilles à maquereau pourront être accommodées de maintes façons.*

Les tilleuls fleurissent assez tardivement. Leurs fleurs sont tout d'abord dissimulées dans la masse du feuillage, aussi la floraison se signale-t-elle initialement par le bourdonnement des abeilles qui recueillent le nectar de ces fleurs encore vertes. D'autres arbres, tels que les hêtres, se couvrent aussi d'une profusion de fleurs à partir desquelles les abeilles élaborent un miel délicieux.

De nombreuses fleurs d'arbres sont utiles aux hommes : c'est le cas du sureau (*Sambucus nigra*) et du tilleul à grandes feuilles, ou tilleul de Hollande (*Tilia europaea*). Les fleurs au parfum d'amande de l'aubépine (*Crataegus monogyna*) servaient jadis à préparer une sorte de liqueur obtenue par macération au soleil des minuscules fleurs roses ou blanches dans de l'eau-de-vie sucrée. Dans les campagnes, on faisait macérer dans du vinaigre les jeunes samares de frêne (*Fraxinus excelsior*) ; le résultat n'était pas sans rappeler les graines de capucine au vinaigre.

Les fleurs de tilleul se récoltent au début de l'été. Fraîches ou séchées, elles servent à préparer de délicieuses tisanes apaisantes. Les tisanes de sureau, de menthe et d'aspérule odorante sont également excellentes. On peut les boire pures, sans sucre, ou avec un trait de jus de citron et une cuillerée de miel.

■ *Les fleurs de sureau peuvent servir à préparer des boissons et des lotions, ou à parfumer des beignets. A l'automne, les baies fourniront une riche récolte (ci-contre).*

■ *La tisane de tilleul est délicieuse, qu'elle soit préparée avec des fleurs fraîches ou des fleurs séchées (ci-dessus).*

Les belles et longues journées ensoleillées sont enfin de retour. Le plaisir de travailler en plein air est immense, mais il faut se méfier des coups de soleil, surtout si l'on est au bord de l'eau. Mieux vaudrait ne pas attendre que rougeurs et brûlures soient apparues pour agir, mais l'on peut néanmoins calmer l'irritation et rafraîchir la peau. Les lotions apaisantes peuvent être préparées à l'avance et conservées au réfrigérateur. Les fleurs de sureau étaient jadis appréciées pour la faculté qu'elles avaient de favoriser une peau blanche et lisse. La prise de conscience actuelle des dangers du soleil s'accompagnera peut-être du retour en vogue des teints pâles et laiteux, ce pour quoi de nombreuses recettes anciennes étaient conçues. La composition de ces lotions était fondée sur l'expérience et la connaissance des plantes, ce qui est un gage d'efficacité.

### ATTENTION INSECTES

L'été est souvent synonyme de piqûres d'insectes. Pour les repousser, on pourra se tamponner la peau avec une infusion de quassia en copeaux ou d'essence de lavande ou de citronnelle diluée dans de l'hamamélis. En cas de piqûre, frotter la peau avec des feuilles de souci (*Calendula officinalis*) fraîches ou du jus de persil frais.

## LOTION AUX FEUILLES DE SAUGE

On recommandait autrefois les infusions de feuilles de sauge pour soulager les maux de gorge ; cette même préparation est excellente pour apaiser les brûlures du soleil (il ne faut cependant pas oublier que la meilleure protection contre les coups de soleil consiste à se couvrir).

Faire bouillir de l'eau de source, en verser 30 cl sur une poignée de feuilles de sauge fraîche (sans les tiges). Laisser infuser, puis filtrer le liquide refroidi. Mieux vaut préparer une infusion au moment où l'on en a besoin, pour autant que l'on ait une bonne réserve de sauge au jardin. On peut utiliser la sauge culinaire et médicinale (*Salvia officinalis*), mais aussi des variétés pourpres ou panachées.

■ *Les lotions à la sauge, au concombre ou aux fleurs de sureau sont toutes efficaces pour traiter les peaux brûlées par le soleil (ci-dessus).*

■ *Ces belles fioles anciennes sont remplies de lotions apaisantes, fort utiles lorsqu'on s'est laissé surprendre par le chaud soleil de l'été (ci-contre).*

## LOTION AUX CONCOMBRES

Le concombre exerce un effet apaisant sur la peau et les yeux : cette lotion rafraîchit à merveille une peau brûlée par le soleil (le pH du concombre – 5,48 – est très proche de celui de la peau – 5,5). Râper, hacher ou réduire en pulpe la moitié d'un concombre non pelé, non traité de préférence. Exprimer le jus à l'aide d'un chinois, ou en pressant simplement avec les mains. Utiliser le jus pour rafraîchir la peau, pur ou en le mélangeant avec une quantité équivalente d'eau rose et d'hamamélis (pour obtenir un tonifiant plus astringent).

## EAU DE FLEURS DE SUREAU

Mieux vaut préparer cette lotion avec des fleurs fraîches, mais l'on peut aussi utiliser des fleurs séchées. Cueillir des fleurs à l'écart des routes ou des champs traités aux pesticides. Dans un bol, piler 100 g de fleurs de sureau fraîches. Ajouter 30 cl d'eau bouillante et remuer pendant quelques secondes. Laisser infuser, puis filtrer le liquide refroidi. Pour conserver, ajouter 2 cuiller à soupe d'eau de Cologne. Répartir dans des fioles propres.

# AU CŒUR DE L'ÉTÉ

Au plein cœur de l'été, les fruits et légumes sont si abondants qu'une activité frénétique s'empare de la cuisine et de l'office. Ils semblent s'ingénier à mûrir tous ensemble en grandes quantités, de sorte qu'il faudrait tous les préparer simultanément. Cette profusion ne dure malheureusement que quelques semaines. Un seul buisson de groseilles rouges ou blanches ou de cassis peut fournir autant de fruits qu'en peut consommer la famille, cependant qu'un double rang d'une vingtaine de pieds de framboises suffira à remplir quotidiennement paniers et passoires pendant au moins trois semaines. On ne se lasse pas des fraises et des framboises, et il est important de s'efforcer de retenir leur merveilleuse saveur en prévision des mois à venir car leur saison naturelle ne dure guère. Ceci est d'autant plus difficile que le fait de cuire ces délicieux fruits rouges paraît quelque peu sacrilège. On pourra suivre la tradition qui voulait qu'on conservât les fruits frais cueillis dans une grosse feuille de chou, afin de prolonger un peu leur fraîcheur.

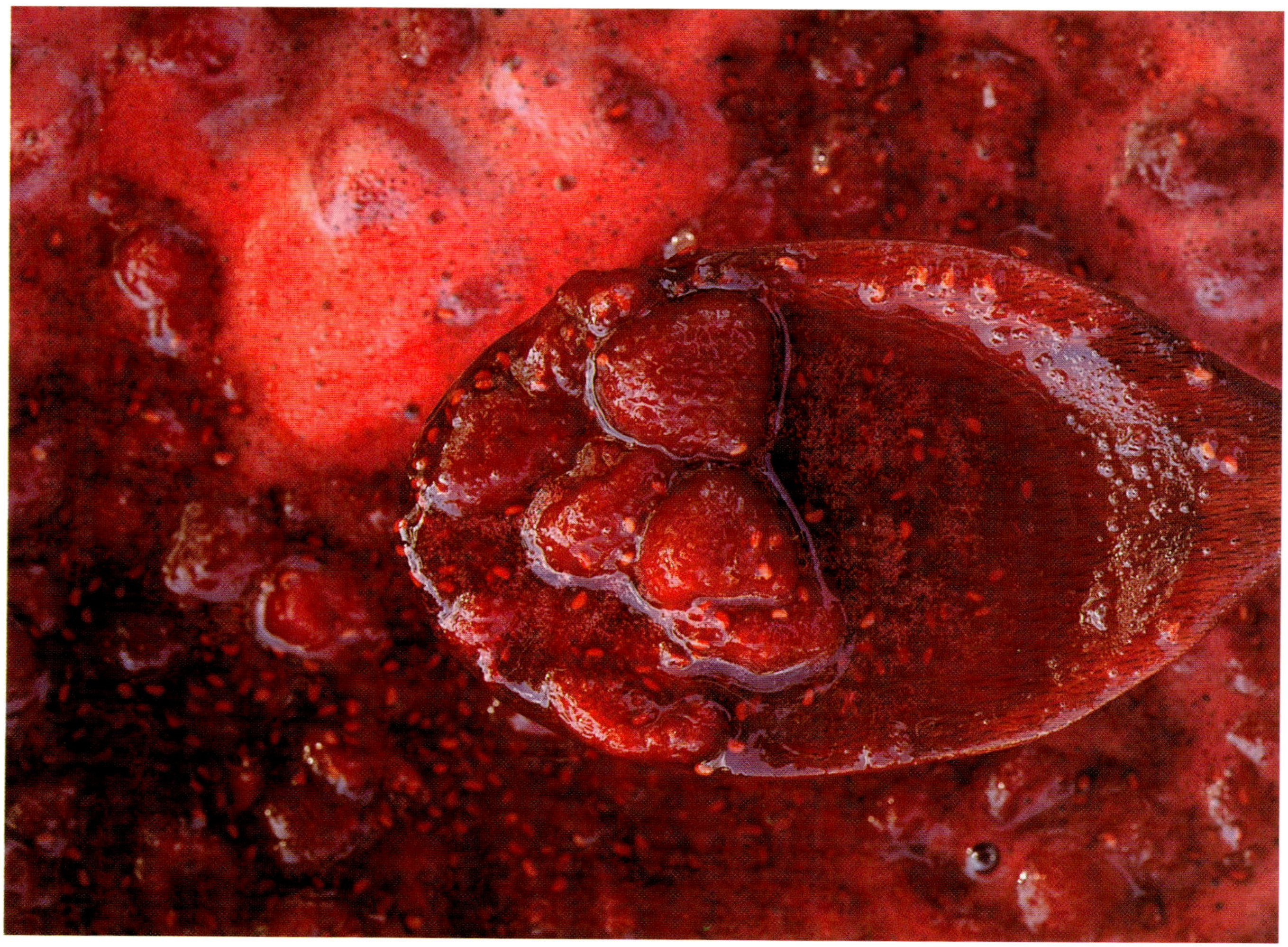

## RATAFIA DE FRAMBOISES

Un ratafia est une liqueur obtenue par macération de fruits dans de l'eau-de-vie. C'est là un excellent moyen d'utiliser une petite quantité de framboises. L'on peut utiliser plus ou moins de sucre.

POUR 500 G DE FRAMBOISES FRAICHES :
*120 g de sucre*
*60 cl de vodka ou d'eau-de-vie*
*5 amandes*
*(ou 5 amandes de noyaux d'abricots)*

Dans une jatte, saupoudrer de sucre les fruits propres mais non lavés. Presser doucement avec le dos d'une cuiller de bois pour exprimer légèrement le jus. Arroser d'alcool et ajouter les amandes. Verser ce mélange dans un bocal à large col. Couvrir ou sceller. Pendant une semaine, agiter chaque jour le bocal. Après un mois, tamiser le liquide puis le filtrer (à travers une double épaisseur de mousseline ou un filtre à café). Conserver à l'abri de la lumière, dans une bouteille bouchée.

■ *Les confitures de framboises emplissent toute la maison de senteurs estivales (ci-contre). Le rouge rosé des framboises est l'une des plus belles couleurs de l'été (ci-dessus).*

Les groseilles rouges et blanches ainsi que les cassis sont souvent meilleurs cuits que frais, car leur riche saveur se développe à la cuisson. Les cassis comptent parmi les fruits qui conviennent le mieux à la préparation de gelées. On croirait sentir les vitamines C affluer dans l'organisme ! Les groseilles rouges se marient bien avec d'autres fruits rouges, tels que les framboises et les cerises, pour faire d'excellentes confitures et gelées. La haute teneur en pectine des groseilles les rend bien adaptées à ce genre de préparation. Signalons que la gelée de groseilles accompagne délicieusement la venaison et l'agneau.

On peut cultiver des framboises dans des jardins de petite taille, mais il convient de les protéger (au moyen de filets, par exemple), car les oiseaux en raffolent. Les anciennes variétés, au parfum et à la saveur intenses, ont laissé place à des fruits de plus grosse taille, dont le goût est malheureusement moins prononcé. Les récoltes sont cependant magnifiques, aussi les framboises sont-elles toujours au nombre des meilleurs fruits à confiture. Pour ceux qu'irritent les pépins, il est possible de préparer des gelées en utilisant uniquement des framboises, ou un mélange de framboises et de groseilles rouges. D'aucuns préfèrent cependant croquer ces pépins, après avoir goûté aux horribles productions industrielles, telles que les confitures bourrées de colorants artificiels, dont la légende veut que leurs pépins soient des imitations en bois ! Lorsque l'on est habitué aux confitures de framboises maison, il est presque impossible de revenir aux confitures du commerce.

Il existe maintes recettes permettant de préparer des confitures de framboises sans cuisson prolongée – elles conservent ainsi la saveur la plus fraîche et la plus prononcée qui soit. On laissera reposer pendant quelques heures un mélange comprenant quatre parties de fruit pour trois parties de sucre, jusqu'à ce que le sucre commence à fondre et que le jus s'écoule. Il suffit ensuite de faire chauffer le tout jusqu'à ce que le sucre ait complètement fondu, avant de mettre la confiture en pots. Certaines méthodes font même appel à la seule chaleur du soleil. De par leur teneur en pectine, les framboises prennent rapidement, mais une confiture est meilleure lorsqu'elle est un peu liquide. On la conservera au réfrigérateur ou au congélateur, à moins que l'on ne puisse résister à la tentation de la consommer rapidement !

## OLIVADE

Dénoyauter des olives noires, puis les réduire en purée avec un pilon et un mortier, ou bien au robot ménager, avec un filet d'huile d'olive. Ajouter un peu de poivre noir du moulin, puis répartir dans de petits bocaux. Verser une couche d'huile d'olive à la surface, puis placer un couvercle sur chaque bocal. Cette olivade sera délicieuse sur des toasts à l'apéritif ; on peut aussi ajouter des câpres, des anchois et un trait d'eau-de-vie pour préparer une tapenade.

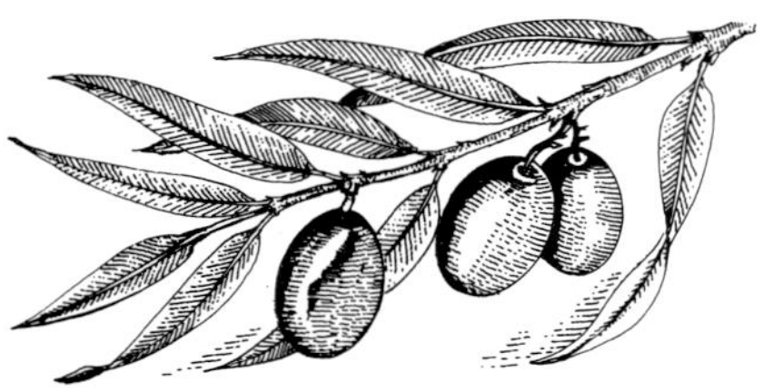

Les olives servent depuis des millénaires à l'alimentation des hommes, en particulier dans le Bassin méditerranéen. Cueillies vertes à l'automne sur de vieux oliviers aux formes tourmentées, ou plus tardivement, lorsqu'elles ont mûri jusqu'à devenir noires, elles sont ensuite utilisées entières ou pressées pour faire cette délicieuse huile qui est à la base de la cuisine méditerranéenne. Il existe maintes variétés d'olives, depuis les minuscules olives rosées de Nice jusqu'aux énormes olives vert pâle d'Espagne. On peut les acheter en vrac ou en bocaux, conservées dans de la saumure ou naturellement enduites de leur propre huile, dénoyautées ou non, fourrées ou épicées. En été, il est indispensable d'avoir toujours des olives à portée de la main, pour en garnir des salades ou les déguster à l'apéritif.

Pour savourer des olives aromatisées, on fera mariner des olives vertes dans de l'huile d'olive parfumée de thym, d'ail et d'origan ; on peut aussi les saupoudrer de graines de coriandre écrasées. Les olives se conservent pendant des semaines dans l'huile. Il est même possible d'utiliser une huile végétale ordinaire, qui absorbera une partie de la saveur des olives et pourra ensuite être utilisée dans la préparation de sauces. On peut aussi disposer dans des bocaux des couches superposées d'olives de diverses variétés, en les séparant par des feuilles de laurier ou des rondelles de citron. Le résultat est spectaculaire : c'est l'un des petits cadeaux les plus rapides à confectionner qui soient, pour peu que l'on dispose des ingrédients nécessaires et d'un bocal à large col. On peut passer du temps à disposer les olives en cercles et en rangées, mais l'aspect est tout aussi réussi si l'on se contente de les verser à la cuiller dans le bocal - l'important étant d'utiliser le plus grand nombre possible de variétés. Il faut veiller à ce que les couches supérieures soient toujours bien recouvertes d'huile. Un couvercle à pas de vis convient tout à fait, mais on peut se contenter d'un rond de cellophane, de tissu ou de papier maintenu à l'aide d'un élastique, afin de mettre les olives à l'abri de la poussière et des insectes.

Les qualités de conservation de l'huile d'olive trouvent leur emploi dans la confection de bocaux de légumes immergés dans ce délicieux liquide. Les poivrons doux s'accommodent fort bien de ce traitement (voir page 29), tout comme les champignons sauvages ou de couche. On peut faire mijoter les légumes dans du vinaigre avant de les plonger dans l'huile, afin d'obtenir un hors-d'œuvre d'inspiration italienne, ou simplement faire griller les ingrédients, les laisser refroidir, les égoutter puis les placer dans des bocaux avec des aromates. Les cœurs d'artichauts conviennent parfaitement pour ce premier mode de préparation cependant que les rondelles d'aubergine sont rendues encore meilleures par la seconde méthode, qui fait ressortir leur saveur fumée. Une fois scellées, ces conserves peuvent rester aussi longtemps qu'on le souhaite au réfrigérateur ; lorsqu'elles sont ouvertes, il convient de les consommer dans les deux jours.

■ *Ces olives de toutes les couleurs, étalées sur un plateau, attendent d'être placées dans des bocaux, entre des feuilles de laurier et des rondelles de citron (ci-contre).*

■ *Pour mettre différentes variétés d'olives en bocal, on choisira de préférence des récipients à large col. Les couches ne doivent pas nécessairement être d'une parfaite régularité (ci-dessus).*

## OLIVES A LA SICILIENNE

Servir avec des hors-d'œuvre variés, en introduction d'un repas estival.

*500 g d'olives noires conservées dans l'huile ou la saumure*
*Le zeste d'une orange non traitée, débité en minces rubans*
*Le zeste d'un citron non traité, débité en minces rubans*
*1 cuiller à soupe de thym frais haché*
*10 gousses d'ail, épluchées et coupées en deux*
*1 cuiller à soupe de graines de fenouil*
*Huile d'olive*

Égoutter les olives, puis les mélanger soigneusement dans une jatte avec les zestes d'agrumes, l'ail et les graines de fenouil. Répartir dans des bocaux. Recouvrir complètement d'huile d'olive, puis sceller. Laisser macérer au moins une semaine avant de consommer.

## PÉTALES DE ROSE OU DE GIROFLÉE AU VINAIGRE

La giroflée est ainsi nommée parce que son odeur rappelle celle des clous de girofle. Arracher les pétales de la fleur et les faire macérer entiers ou privés de leur base blanche. On peut faire macérer de petits boutons de roses entiers ou des pétales.

*Roses ou giroflées séchées et préparées*
*Sucre*
*Vinaigre de vin blanc*

Peser les fleurs, mesurer une quantité égale de sucre, puis le vinaigre de vin blanc, à raison de 2,5 cl pour 25 g de sucre. Faire fondre le sucre dans le vinaigre (sans le porter à ébullition), puis laisser aussitôt refroidir ce sirop. Placer les fleurs dans des bocaux de verre sombre ou opaque (la lumière aurait pour effet d'altérer la couleur des fleurs). Verser le sirop sur les fleurs et sceller.

Au XVI^e siècle, on accordait une grande importance à la couleur et à l'aspect décoratif des denrées. Les frontières entre les différents plats étaient moins nettes qu'aujourd'hui, et l'on mêlait volontiers dans des plats servis simultanément des saveurs salées, sucrées, épicées et acidulées – aussi la créativité s'en trouvait-elle favorisée. Dans les riches demeures, des gâteaux, tartes et tourtes multicolores se côtoyaient sur les tables, et tout cuisinier digne de ce nom mettait un point d'honneur à préparer de superbes salades colorées, et ce même en hiver.

Ces plats devaient souvent leur caractère coloré à des fleurs macérées ou mises en conserve durant l'été, et à toutes sortes de gelées de fruits. On préservait ainsi dans le vinaigre ou le sucre des boutons de roses, des œillets, des primevères et des violettes.

Les roses étaient certainement les plus utilisées de toutes ces fleurs. Si le jardin n'en produisait pas suffisamment, on pouvait en acheter au marché. Les pétales servaient à préparer des eaux sucrées et des lotions ; ils étaient séchés ou confits, ou entraient dans des préparations médicinales. En pilant ces pétales avec du miel, on obtenait une délicieuse pâte. Les pétales séchés étaient à la base de poudres et de mélanges odorants, destinés à parfumer les maisons et le linge.

Pour préparer toutes ces recettes, il fallait employer des roses à la puissante senteur, rose foncé ou rouges, souvent décrites sous la simple appellation de « roses de Damas » dans les vieux livres de recettes. *Rosa gallica officinalis* (la « rose des apothicaires »), était sans doute la variété la plus communément employée : on la trouve encore de nos jours. Au Moyen Age, on la cultivait tout particulièrement dans la région de Provins. Même séchés, ses pétales épais conservent tout leur parfum. *Rosa damascena*, sans doute issue de *Rosa gallica*, est cultivée en Bulgarie, au Maroc et en Inde : elle sert à produire l'essence de rose.

■ *Les giroflées font des conserves superbement colorées, en prévision de l'hiver.*

■ *La senteur suave et subtile des roses mérite tous les efforts accomplis pour préserver ce délicat parfum de l'été.*

TEINTURE
DE GAYAC

## GELÉE DE NECTARINES ET DE GROSEILLES BLANCHES

Cette somptueuse gelée se prépare de préférence en petites quantités.

*1,8 kg de groseilles blanches*
*15 cl d'eau*
*Sucre à confiture*
*Le jus de 2 citrons*
*3 nectarines*

Dans une grande casserole, porter à ébullition les groseilles (non équeutées) et l'eau. Laisser mijoter jusqu'à ce que les groseilles ramollissent, verser au travers d'une mousseline et laisser s'égoutter toute une nuit. Le lendemain, mesurer la quantité de jus. Pour 50 cl de jus, prévoir 300 g de sucre. Mélanger le jus et le sucre dans une bassine à confiture. Ajouter le jus de citron. Peler et dénoyauter les nectarines, les couper en tranches et les réserver dans de l'eau légèrement acidulée, afin que la pulpe ne noircisse pas. Faire bouillir la gelée jusqu'à ce qu'elle prenne, ôter du feu, laisser refroidir puis ajouter les nectarines. Mettre en bocaux lorsque la gelée durcit, afin que les morceaux de fruit soient en suspension, puis sceller aussitôt.

■ *Les groseilles blanches sont des fruits particulièrement jolis au goût légèrement différent de celui des groseilles rouges (ci-dessus).*

## CONDIMENT A L'ABRICOT

Ce délicieux condiment accompagne à la perfection tous les mets épicés.

*1,5 kg d'abricots frais, dénoyautés et hachés*
*350 g d'oignons, hachés menu*
*2 gousses d'ail, écraséess*
*1 petit morceau de gingembre frais, râpé*
*60 cl de vinaigre de cidre*
*225 g de cassonade en gros cristaux*
*1 cuiller à dessert de sel*
*1 cuiller à dessert de graines de moutarde*
*1 cuiller à café de cannelle en poudre*
*1 cuiller à café de macis en poudre*
*1/2 cuiller à café de piment de Cayenne*

Dans une casserole, faire mijoter tous les ingrédients à feu doux, jusqu'à obtention d'une pâte lisse et épaisse. Mettre en bocaux et sceller.

## CONFITURE DE PECHES AU NOIX

*1 kg de pêches mûres, pelées et dénoyautées*
*Le jus de 2 citrons*
*500 g de sucre*
*250 g de cerneaux de noix*

Couper les pêches en cubes ; les mélanger au sucre et au jus de citron, dans une jatte. Laisser macérer toute une nuit. Le lendemain, verser le tout dans une bassine à confiture, puis porter à ébullition. Faire cuire jusqu'à ce que les pêches deviennent translucides (environ 20 minutes). Oter les fruits du sirop à l'aide d'une écumoire, les déposer dans une jatte. Porter le sirop à ébullition pour le faire épaissir, puis ajouter les noix et les morceaux de pêche. Remuer soigneusement, puis ôter du feu et laisser reposer légèrement avant de mettre en pots.

■ *La confiture de pêches aux noix est riche et savoureuse (ci-contre).*

Une liste des variétés de pêches établie au début du XIX$^{e}$ siècle comprenait une trentaine de noms, dont ceux de Gallande, Mignonne, Persique et Incomparable. La pêche jouissait alors d'un grand prestige, et toute personne de goût se devait d'en proposer à ses hôtes au moment du dessert. Dans les contrées septentrionales, les pêchers étaient généralement cultivés en espaliers, contre des murs exposés au sud. On recourut ensuite à des serres, qui permettaient de produire des fruits hors de la saison normale (jusqu'à Noël parfois). Les délicieuses pêches de vigne, à la chair blanche, sont de plus en plus rares, ce qui est fort dommage, car elles sont nettement plus savoureuses que les pêches jaunes que l'on trouve le plus souvent dans le commerce.

Les nectarines et les brugnons sont des variétés hybrides à la peau lisse (celle de la pêche étant duveteuse), à la saveur légèrement plus acidulée que celle de la pêche. Les recettes sont interchangeables : on peut utiliser toutes ces variétés de fruits pour préparer des confitures, des conserves et des condiments, ou même pour les déguster avec des épices en accompagnement de viandes froides.

Si leurs fruits sont bien différents, les abricotiers ressemblent aux pêchers, et notamment par leurs fleurs rose pâle, qui s'épanouissent précocement sur des branches nues, et sont donc menacées par les gelées tardives et le temps froid et humide qui règne parfois au moment de la pollinisation. On faisait jadis macérer les abricots encore verts dans du vinaigre, afin d'utiliser des fruits en surabondance et d'améliorer la qualité des abricots laissés sur l'arbre.

■ *Des nectarines bien mûres captent toute la lumière d'une fin de journée estivale (double page suivante).*

# A LA FIN DE L'ÉTÉ

La moutarde appartient au genre *Brassica*, qui comprend aussi les choux. L'espèce à graines blanches (*Brassica* ou *Sinapis alba*) était jadis communément cultivée à côté du cresson, afin de préparer une salade aujourd'hui utilisée dans la décoration de plats. La moutarde noire (*Brassica* ou *Sinapis nigra*), depuis longtemps cultivée dans les champs, l'était au Moyen Age dans les jardins pour préparer un condiment à la puissante saveur. L'huile volatile contenue dans la moutarde pilée était considérée comme digestive ; on l'employait en médecine dans des bains chauds et des cataplasmes, prescrits pour combattre les rhumes et les refroidissements.

En France, la moutarde est devenue le condiment le plus largement employé, qui relève toutes sortes de plats. Cette moutarde condimentaire est préparée avec des graines de moutarde noire et de moutarde blanche pulvérisées, macérées dans du verjus ou du vinaigre. Dans d'autres pays (en Angleterre notamment), elle comprend de la farine de moutarde mélangée à de l'eau. On peut soi-même confectionner des moutardes maison aromatisées avec des ingrédients tels que du poivre vert ou de l'estragon, que l'on emploiera dans des vinaigrettes et des sauces.

■ *En ajoutant des piments, de l'aneth, du jus de citron, du miel ou de la bière, on peut créer soi-même toutes sortes de délicieuses moutardes (ci-contre). Les préparations à base de moutarde sont une invitation à la créativité (ci-dessus).*

## FROMAGE AUX PÉTALES DE SOUCI

Le lait cru tourne naturellement ; il suffit alors de l'égoutter pour l'employer dans cette recette. Quant au lait pasteurisé, plus souvent utilisé, il nécessite l'emploi de présure ou de babeurre pour cailler.

*50 cl de lait entier*
*1 cuiller à soupe de pétales de souci frais ou séchés*
*Quelques gouttes de présure (pour la quantité exacte, suivre les instructions du fabricant)*
*1 pincée de muscade en poudre*
*Sel*

Froisser les pétales de souci et les ajouter au lait à 16 °C. Ajouter quelques gouttes de présure puis, quand le lait a caillé, le déposer à la cuiller dans un carré de toile à beurre (double épaisseur) et le suspendre au frais pour qu'il s'égoutte pendant 6 heures environ. Le sortir de la toile et le saupoudrer d'un peu de sel et de muscade. Façonner en petits fromages ronds et décorer de pétales de souci haché. Conserver au réfrigérateur.

A la fin de l'été, le jardin s'emplit des couleurs éclatantes et des formes simples des fleurs annuelles. Souvent méprisées par les jardiniers les plus experts, elles sont pourtant d'une exubérante joliesse. Leurs coloris sont certes parfois un peu criards, mais leurs pétales et leurs feuilles sont souvent décoratifs... et comestibles ! Les capucines (*Tropæolum majus*), cultivées dans tous les types de jardins depuis qu'elles ont été rapportées d'Amérique du Sud, se signalent par la forte teneur en vitamine C de leurs feuilles à la saveur poivrée ; leurs fleurs aux pétales orange vif, dorés et rouges, également savoureuses, forment un agréable contraste visuel avec des feuilles de salade verte.

Les soucis cultivés ont nettement évolué depuis l'époque où ils poussaient à l'état sauvage dans les champs d'une grande partie de l'Europe. Les variétés des jardins possèdent aujourd'hui de grosses fleurs chargées de pétales orange. Cette plante était jadis beaucoup plus simple, avec son gros centre entouré d'une simple rangée de pétales ; il est encore possible d'acheter des graines de cette variété ancienne (*Calendula officinalis*), qui fut au Moyen Age l'une des herbes potagères majeures : ses fleurs étaient utilisées en cuisine, pour égayer et parfumer les lourds mets de l'hiver.

Les pétales sèchent facilement et se conservent bien, aussi peut-on toujours en avoir dans son placard, afin de les utiliser en remplacement de coûteuses épices telles que le safran. On peut les utiliser frais ou séchés (ils gardent bien leur couleur, surtout s'ils sont conservés à l'abri de la lumière). Pour faire sécher les pétales, il faut cueillir de jeunes soucis par beau temps, alors qu'ils sont largement ouverts. On peut couper les fleurs sur la tige et les faire sécher entières, ou arracher les pétales que l'on fait sécher en vrac. Placer les fleurs ou les pétales dans un panier ou une passoire, puis les laisser dans un lieu tiède et aéré pendant plusieurs jours, jusqu'à ce qu'ils soient secs et craquants. Les conserver dans des bocaux sombres ou opaques, ou dans des boîtes en métal. On utilisait jadis les pétales de souci comme une sorte de présure douce, pour faire cailler le lait, mais dans la recette donnée ici le fromage frais est simplement parfumé par ces fleurs.

■ *Les soucis orange vif sont parfaitement mis en valeur par le plus simple des vases.*

■ *Dans la tranquillité de la laiterie, un fromage frais dans son étamine s'égoutte lentement de son petit-lait.*

Les melons sont les fruits idéals pour les temps de canicule. Lorsque la chaleur nous accable, leur juteuse fraîcheur est la bienvenue, qui nous désaltère et nous nourrit à la fois, en quelques bouchées délicieusement savoureuses et parfumées. Particulièrement à l'aise sous les climats chauds, les melons sont depuis des siècles élevés avec amour dans des contrées plus septentrionales. Au XVIIIe siècle, l'emploi des couches de forçage permettait aux habitants de l'Europe du Nord de récolter des paniers de melons pendant tout l'été. Les surplus servaient à confectionner des condiments.

## CONDIMENT AU MELON

Les melons à chair orange conviennent le mieux à la préparation de ce condiment. Il faut veiller à ne pas blanchir trop longtemps le fruit, dont la chair deviendrait alors fibreuse. Ce condiment, qui accompagne délicieusement les viandes fumées et les plats épicés, se conserve dans des bocaux à col large, afin d'en pouvoir extraire aisément des morceaux de melon avec une brochette.

*1,5 kg de chair de melon coupé en dés (pour cela, évider 3 melons pesant chacun 1kg environ)*
*30 cl de vinaigre de vin blanc*
*450 g de sucre en poudre*
*1 citron débité en rondelles*
*1 bâtonnet de cannelle*
*1 piment rouge séché*
*1 cuiller à café de poivre de la Jamaïque*
*4 clous de girofle*

Blanchir les cubes de melon dans une grande casserole d'eau salée bouillante (pas plus de 2 minutes). Pour ce faire, on peut utiliser un panier métallique de cocotte-minute plongé dans l'eau. Rafraîchir le melon dans de l'eau très froide. Égoutter et essuyer si nécessaire, puis répartir dans des bocaux à conserves. Dans une autre casserole, faire chauffer le vinaigre, le sucre, le citron et les épices, en remuant jusqu'à ce que le sucre ait fondu, puis porter à ébullition. Laisser mijoter pendant environ 20 minutes, puis passer le sirop pour enlever le citron et les épices ; verser sur le melon dans les bocaux. Sceller aussitôt. Laisser macérer pendant quelques semaines avant emploi. Consommer rapidement après ouverture.

■ *Le vert terne de la peau réticulée du melon contraste avec l'orange éclatant de sa chair succulente.*

■ *Macéré dans du vinaigre, le melon conserve toute sa saveur et son parfum.*

On avait autrefois coutume de cultiver les melons sur une couche de fumier qui, par la chaleur qu'elle dégageait, forçait la croissance des melons. Chacun des fruits de cette plante rampante était entouré d'un petit filet qui le protégeait tandis qu'il mûrissait, en le maintenant au-dessus de la terre.

Aucune nature morte de l'époque n'était complète si elle ne comprenait de superbes melons coupés pour révéler leur chair verte ou orangée. De nombreuses variétés se dégustent fraîches, mais on peut aussi faire macérer ces fruits dans du vinaigre pour préserver leur texture et leur saveur au-delà de leur pleine saison. Pour préparer de tels condiments, mieux vaut utiliser des fruits n'ayant pas atteint leur maturité, mais dont le goût est déjà un peu développé. Les fruits très mûrs sont trop mous et se désintègrent durant la brève cuisson nécessaire. La recette de la page ci-contre convient pour des variétés diverses – charentais, cantaloup, melon d'Antibes... – mais non pour les melons d'eau (pastèques). Les melons à chair orange donnent les plus jolis résultats. Dans certain pays on prépare cependant ce condiment avec des melons d'eau, mais on utilise alors seulement la couche de chair située entre la peau et la pulpe rosée de l'intérieur.

Le parfum astringent de la lavande fraîche ou séchée est de ceux auxquels il est difficile de résister. Un buisson de lavande en fleur invite à la cueillette : il suffit ensuite d'écraser un épi floral pour libérer une huile volatile à la merveilleuse senteur. La lavande est depuis toujours l'herbe aromatique par excellence, qui parfume et rafraîchit le linge. On plaçait autrefois des pots ou des bottes de lavande près des fenêtres, pour parfumer les pièces et repousser les insectes. L'essence de lavande exerce un effet à la fois calmant et roboratif ; elle sert aussi à soigner les brûlures et les plaies. On l'emploie dans des bains, dans des eaux odorantes, dans des mélanges d'herbes et de fleurs séchées.

Les anciennes variétés, à gros épis, fleurissent assez tardivement : leurs fleurs d'un mauve pâle attirent les abeilles et d'autres insectes. Pour faire sécher et utiliser la lavande du jardin, il convient de cueillir les épis floraux par beau temps, lorsque les pétales commencent à s'ouvrir parmi les bractées. Suspendre les épis en bottes par leurs tiges, puis frotter les fleurs séchées et les entreposer dans des bocaux avant utilisation.

■ *La lavande séchée communique sa délicieuse senteur à tous les objets et ingrédients avec lesquels elle est en contact.*

## LAVANDE SÉCHÉE

On pourra ajouter au mélange de base toutes sortes de pétales séchés décoratifs (bleuet, mauve, delphinium...). La lavande peut aussi être employée en sachets pour parfumer le linge.

*500 g de lavande séchée*
*3 cuillers à soupe de poudre d'iris*
*1 cuiller à soupe de cannelle en poudre*
*1 cuiller à soupe de macis en poudre*
*1 cuiller à soupe de poivre de la Jamaïque*
*6 gouttes d'essence de lavande*

Dans une grande jatte, mélanger soigneusement tous les ingrédients secs. Ajouter les gouttes d'essence de lavande et mélanger de nouveau soigneusement. Répartir le mélange dans des sacs en papier, puis entreposer pendant six semaines dans un lieu frais et sombre. Selon l'emploi, utiliser avec des épices, des feuilles et des fleurs ornementales.

## FLEURS D'ÉTÉ SÉCHÉES

Une variante citronnée de la lavande séchée, aux jolis coloris verts et mauves.

*250 g de fleurs de lavande*
*125 g de feuilles de verveine citronnelle*
*60 g de feuilles de myrte*
*60 g de fleurs de jasmin*
*3 cuillers à soupe de poudre d'iris*
*1 cuiller à soupe de coriandre en poudre*
*1 cuiller à soupe de cannelle en poudre*
*3 gouttes d'essence de lavande*
*3 gouttes d'essence de verveine citronnelle*

Procéder comme pour la lavande séchée.

■ *Les épis floraux mauve foncé de la lavande sont aussi décoratifs qu'odorants.*

## CONFITURE DE RAISIN

Pour obtenir des grappes parfaites, le jardinier consciencieux éclaircit sa vigne pour permettre aux raisins restants de mieux gonfler. On préparait jadis de délicieuses confitures avec les résidus de cet épamprage. Il suffisait pour cela de faire mijoter les petits raisins (sans ajouter d'eau) pour les faire ramollir, d'ôter les peaux qui remontaient à la surface, d'ajouter autant de sucre que de raisin et de faire bouillir jusqu'à ce que la confiture prît, avant de la mettre en bocaux.

A la fin de l'été, le temps paraît soudain s'immobiliser, avant la subite profusion du début de l'automne. La grande récolte des fruits de l'été n'a pas encore eu lieu. Dans une atmosphère chaude et détendue, la croissance laisse place au mûrissement.

Les raisins de serre sont cependant prêts à être cueillis (les vignes d'extérieur ne seront à point que dans quelques semaines). Les grappes serrées et épanouies sont couvertes d'une condensation qui les rend plus appétissantes encore. Au XIX<sup>e</sup> siècle, on cueillait souvent ces grappes dont on plongeait les tiges dans de l'eau, dans des verres spéciaux, pour les garder dans des lieux frais et sombres : les raisins se conservaient ainsi jusqu'en hiver.

■ *Sous une ancienne serre, ces pampres évoquent toute l'abondance de la fin de l'été. Pour obtenir des grappes parfaites, on ne manquera pas de tailler et d'éclaircir soigneusement la vigne.*

# TABLE DES RECETTES

## Cuisine



## Beauté



## Entretien



## Santé

# INDEX

Les numéros de pages *en italique* renvoient aux illustrations.

Imprimé à Singapour

Dépôt légal : 5692 - octobre 1993
ISBN : 2.85108.811.4

34/0973/7